创新思想与实践丛书

技术创新的商业价值

从知识产权认知变革到管理实践

张 艳 ◎著

**The
Business Value
of Technological Innovation**

机械工业出版社
CHINA MACHINE PRESS

本书基于作者在知识产权领域 20 年的鲜活实践经验，从技术创新的商业价值实现出发，引导读者从资产的角度重新认识知识产权，进而了解知识产权如何服务于企业战略、如何将知识产权嵌入创新管理过程、如何根据商业目标管理知识产权组合等，通过解析特斯拉开放专利、华为"研究—标准—专利"联动战略等案例，本书全面介绍了技术创新者应当具备的知识产权商业思维。

此外，本书还结合最新的知识产权管理国际标准、科创板的上市要求及国内外的优秀管理实践，梳理了技术创新中知识产权的商业逻辑，以及如何利用知识产权释放技术创新的价值和规避潜在风险。本书适合广大技术创新者、技术经理人、CTO 及企业战略决策者阅读借鉴。

图书在版编目（CIP）数据

技术创新的商业价值：从知识产权认知变革到管理实践 / 张艳著. -- 北京：机械工业出版社，2024. 12. （创新思想与实践丛书）. -- ISBN 978-7-111-76910-1

Ⅰ. D923.404

中国国家版本馆CIP数据核字第2024QA0050号

机械工业出版社（北京市百万庄大街22号　邮政编码100037）
策划编辑：李新妞　　　　　责任编辑：李新妞　刘怡丹
责任校对：肖　琳　王　延　责任印制：张　博
北京联兴盛业印刷股份有限公司印刷
2025年1月第1版第1次印刷
169mm×239mm・13印张・1插页・151千字
标准书号：ISBN 978-7-111-76910-1
定价：88.00元

电话服务　　　　　　　　　网络服务
客服电话：010-88361066　　机 工 官 网：www.cmpbook.com
　　　　　010-88379833　　机 工 官 博：weibo.com/cmp1952
　　　　　010-68326294　　金 书 网：www.golden-book.com
封底无防伪标均为盗版　　　机工教育服务网：www.cmpedu.com

丛书序

人类文明发展史也是一部创新史，古往今来，源源不断的创新成果推动了经济、政治、文化、艺术的进步，增进了全人类的共同福祉。党的十八大以来，党中央高度重视科技创新，始终把创新摆在国家发展全局的核心位置，多次强调创新的重要性，"创新是引领发展的第一动力"这一重大理论创新成果被写入党的十九大报告和新修订的党章，创新正成为中国发展的强劲动力。党的二十大报告进一步指出，"加快实施创新驱动发展战略"，"加快实现高水平科技自立自强"。

当前，全球科技创新正处在密集活跃期，新一轮科技革命和产业变革发展迅猛，基础研究不断拓展人类认知边界，前沿技术推动全球产业结构、经济形态和人类生活方式深刻调整。世界知识产权组织发布的《2024年全球创新指数报告》显示，我国创新能力综合排名从2012年的第34位跃升至2024年的第11位，是排名前30的经济体中唯一的中等收入经济体，也是10年来创新力上升最快的经济体之一。中国拥有26个全球百强科技创新集群，中国创新发展正展现出强大动能和广阔前景。中国国家知识产权局的数据显示，在世界知识产权组织三大业务体系——《专利合作条约》国际专利、海牙体系外观设计、马德里国际商标申请中，中国申请人的申请量稳居世界前列。英国《经济学人》表示，中国作为世界研发实验室的作用日益增强，很多跨国企业在中国的研发中心已成为创新的摇篮，其创新成果正广泛应用在全球各地。

伴随着重大创新成果竞相涌现，科技实力从量的积累迈向质的飞跃、从点的突破迈向系统能力的提升，创新管理成为企业管理的一项重要的管理职能。由于创新活动的复杂性、风险性、系统性等特征，对创新进行有效的管理需要战略性视野和整合性思维。加快发展新质生产力，需要进一步开展深入的创新研究，特别是系统地总结创新的客观规律、企业创新活动的实践经验、多学科研究创新的机制。习近平总书记指出："加快构建中国特色哲学社会科学，归根结底是建构中国自主的知识体系。要以中国为观照、以时代为观照，立足中国实际，解决中国问题，不断推动中华优秀传统文化创造性转化、创新性发展，不断推进知识创新、理论创新、方法创新，使中国特色哲学社会科学真正屹立于世界学术之林。"这为加快构建中国特色的创新研究指明了方向，提供了根本遵循。具有中国特色的创新理论与方法体系创立等，是创新研究的重点。

基于此，"创新思想与实践丛书"旨在反映我国创新管理领域广大研究者和实践者在中国特色的创新思想、创新理论与创新实践等方面的最新成果，加快建构并形成中国自主的创新管理知识体系。在内容层面，涵盖了前沿性研究、创新管理理论、企业创新实践、知识产权管理等不同主题和细分角度，以源自中国企业实践、具备自主知识产权的创新管理理论和方法指导中国企业的创新实践，着眼于科技自立自强，赋能世界一流企业建设，推动我国新质生产力加快发展。

陈　劲
清华大学经济管理学院教授
教育部人文社会科学重点研究基地
清华大学技术创新研究中心主任
2024 年 11 月

序

创新是社会进步的灵魂,知识产权是保护和促进创新的战略杠杆。在全国各行各业聚焦发展新质生产力、谋求经济高质量发展的今天,知识产权管理越来越受重视。多年来,市面上关于知识产权的书籍大多是讲如何保护知识产权,解释各种与知识产权有关的法律,难以引起广大读者的兴趣。几天前收到我过去的同事张艳博士发来的其新书电子版,让我眼前一亮,一口气读完,收获和感慨良多。

这本书,不是"甲乙丙丁、开中药铺"式的说教,而是鲜活的实践经验总结,令人一开始读就放不下来。我体会这本书至少有以下几个特点。

第一,纵观全局,价值导向。一提起知识产权,人们首先想到的是"保护"。中央电视台也天天在做公益广告:"保护知识产权就是保护创新"。这本书开宗明义就指出:"知识产权的价值被严重局限和低估了!是时候把知识产权从档案柜里彻底'解放'出来,让知识产权为企业的商业目的服务了!" 这本书的读者不仅是法律工作者,还应是与创新价值链有关的各方人士,特别是企业的战略决策者。本书讲述了华为花费 3 亿美元购买 IP 许可以此换取数百亿美元移动通信国际市场,特斯拉通过开放专利带动电动汽车产业发展,IBM 通过知识产权许可获得巨额利润,微软利用知识产权重塑开放创新下的产业生态等生动故事,读来令人耳目一新,豁然醒悟。从这些故事中可以看到,通过制定和实施紧扣企业发展所需的知识产权战略,企业所获得的价值远远超出传统认知中法律赋予的排他性所带来的防御价值。知识产权应当成为支撑企业实现商业目的的重要战略工具。目前许多单位知识产权工作的重点只是关注专利申请和授权的数量、增长率等指标，停留在事务性工作层面，与企业中长期战略目标脱节，没有进入公司高管的视线。本书作者提醒企业的管理者明白：不是知识产权能为我们做什么，而是我们需要知识产权做什么。

第二，澄清认识，消除误解。关于知识产权、专利和创新，社会上普遍存在一些误解和模糊认识，这本书通过案例分析澄清了一些认知上的误解。

一个较普遍的误解是把创新等同于发明。其实，"发明"与"创新"有实质性的区别——发明只求新，而创新除了求新，还要追求价值实现。这本书中以爱迪生的例子详细说明了他的真实身份是创新者和企业家，而不是纯粹的"发明家"。爱迪生具有敏锐的商业嗅觉、系统化实施创新项目以及深谋远虑地运用专利获利的能力。爱迪生拥有的专利总数高达2332项，几十年内保持拥有专利数世界第一的桂冠。要想成为爱迪生一样的创新实践者，需要经过相关的训练，如何利用知识产权放大技术价值是训练的核心内容之一。

另一个误解是认为申请专利只是为了阻碍竞争对手进入自己的领地。有这样的偏见并不奇怪，因为历史上确实有些垄断性公司是这么做的。其实专利是一个战略工具，有各种玩法。一个新兴的产业在刚刚兴起的阶段，用专利阻止同行进入，反而不利于新兴产业的发展，采取开放的政策，放弃专利维权，往往能促使星星之火迅速形成燎原之势。这本书以特斯拉公司开放电动汽车专利与燃油汽车争夺市场的成功案例说明，知识产权的策略应用不应局限于小同行之间的竞争。若能站在全行业的高度，就会感受到完全不同的视野与格局。其实，开放专利的战略由来已久。早在1956年，AT & T（American Telephone & Telegraph 的缩写，美国电话电报公司）通过开放贝尔实验室的有关专利，与政府达成协议，就保住了电话通信市场的领先地位。

标准与专利似乎是相互冲突的两个体系，标准强调公共性和成熟性，而专利保护私有权，强调排他性和新创性。企业不仅将创新成果申请专利予以保护，专利实力强的企业更热心将专利技术纳入技术标准，作为创新发展的战略举措。对于专利和标准的互动，业界有不少模糊认识。此书用了整整一章详细论述了专利和标准的关系，特别是何为"标准必要专利"，解释了标准战略和专利战略相互交融的内在逻辑。

第三，总结实践，不尚空谈。这本书的作者张艳2004年在清华大学计算机系获得博士学位以后，就到中国科学院计算所工作，担任技术发展处处长。在计算所工作期间，为龙芯CPU等项目做了大量的专利分析和知识产权管理工作。2008年，她从计算所辞职，创建了北京科慧远咨询有限公司。十多年来，她为中国移动、国家电网等大型企业集团和许多高成长企业提供知识产权咨询服务，也做了大量知识产权培训工作。她是中国首个知识产权领域国家标准《企业知识产权管理规范》的主要起草人。2015年开始至今，她代表中国参与国际标准化组织（ISO）的创新与知识产权管理相关国际标准的制定，2017年她主笔的ISO 56005《创新管理 知识产权管理指南》国际标准提案获得全票通过。她花费三年时间潜心撰写的这本内容丰富的著作不是纸上谈兵，而是她长期躬行实践的经验总结和提炼。不管是企业管理者、政府官员还是科研开发人员，都能从这本书中得到启迪，拓宽知识产权的认知视野，升华驾驭知识产权的品位。

第四，案例丰富，以事寓理。关于知识产权的书籍很难写得引人入胜。写得浅显有可能不严谨，写得很严谨又可能乏味。这本书兼顾了严谨性和趣味性，最大的特点是案例十分丰富。看似作者信手拈来、不露痕迹的案例，实际上源于作者熟稔IP逻辑的深厚功底。更为难得的是，作者引用的案例并非网上搜索到的材料，在许多案例中，作者都是亲力亲为的当事人。书中提到通过建立专利提案评价机制，累计筛除了几万项不符合该公司专利质量管控标准的专利提案，节约专利申请费超过一亿元的这家公司，作者的团队为其服务了15年。科创板上市过程中必须回答"是否具备科创属性"的灵魂拷问，上市过程中经常遭遇IP诉讼阻击等，是准备上市的企业必须面对的最现实的问题。这本书为如何渡过这些难关做了详细的案例介绍和分析，具有较强的实战意义。

读完这本书，我领悟到知识产权管理是一门大学问。如果说知识产权是企业的战略杠杆，要撬动什么目标？支点设在什么地方？如何发力？不同的企业有不同的需求和做法。本书作者提醒大家，找寻企业需要用知识产权实现的价值主张，用商业化思维开展知识产权战略思考并对战略进行解码，对于处于不同价值阶梯的企业都十分必要，这是改变知识产权战略与日常管理工作"两张皮"现象的关键动作，也是企业知识产权管理体系构建的魂魄所在。

作为一个在科研机构工作多年的学者，我在读这本书时一直在思考一个问题：如果知识产权的资产价值最终只能在企业实现，大学和科研单位拥有的知识产权究竟起什么作用？大学和科研单位的作用是把钱变成知识，企业的作用是把知识变成钱。只有通过知识产权的杠杆和放大效应，才能产生比钱直接生钱更大的经济价值。大学和科研单位创造的知识，大多数是公共的知识，包括公开发表的论文和开源的技术，只有一部分有明显产业化前景的独创技术可以申请专利。这些专利还只是发明，离产生真正的市场价值还隔着一个九死一生的"死亡之谷"。专利锁在大学和科研机构的保险箱里就是一张废纸，必须通过技术转让或许可转移到企业手中才能创造财富。但我国超过九成的发明专利的转让费不到10万元，说明我国知识产权的杠杆作用还不明显。在创新已成为引领发展的第一动力的今天，如何扭转这一局面，值得深思。

知识产权是一种无形资产，与作为有形资产的生产资料一样，应该私有还是有条件地共享，是人类社会生产关系的重大问题。激励个人发明创造的积极性和促进全社会科学技术的发展，需要适当权衡，知识产权的保护不能过度。随着互联网和数字技术的普及，以 Linux 为代表的开源软件迅速流行，对传统的知识产权制度提出了新的挑战。20 世纪 70 年代，约 80% 的创新来自单个公司内部的研发实验室；到 21 世纪初，超过 2/3 的创新与组织间的合作有关，加速创新的最佳战略是加强与外部组织的合作。近几年来，有些人主张国产的产品都要拥有完全自主的知识产权，把组织间的技术许可当成自主创新的对立面。我认为，对涉及国防和机要部门的关键产品，拥有完全知识产权是必要的。但一般而言，对于与市场经济密切相关的产品，选择完全自主研发还是通过获取专利许可快速推出，是一家公司在创新路径上的商业选择。打破技术封锁的出路不是画地为牢、自己修围墙，而是以自主创新和开放合作打破围墙，构建人类命运共同体。我们要站在开拓历史新局面的高度，以开放的知识产权战略实现国家的自立自强，创建更加公正有效的"知识创造财富，知识惠及大众"的新世界。

李国杰

中国工程院院士

2024 年 7 月

前　言

2020年11月，ISO 56005《创新管理 知识产权管理工具与方法指南》国际标准正式发布，这不仅标志着中国提出的首个创新管理国际标准提案成为全世界的通行标准，而且作为全球首个知识产权管理标准，将对提升全球创新组织的知识产权管理水平具有深远影响。作为中国代表团的成员，我有幸从2015年开始参与国际标准化组织（International Organization for Standardization，简称ISO）创新管理系列标准的制定。经过一年多的磋商，知识产权组的各国专家最终同意由中国提交创新管理中的知识产权管理国际标准提案，并推举我担任项目负责人。在标准制定过程中，除中国外，美国、加拿大、法国、德国、挪威、瑞典、日本等15个国家派出了30多位创新管理和知识产权领域的专家全程深度参与。

整个标准从提案到正式发布，历时四年。其中，标准框架的讨论花了一年半左右的时间。尽管极度担心标准进程可能大幅延期，但整体结构不讨论清楚并形成共识，标准起草无法往下推进。几乎所有欧洲专家都希望沿用欧洲标准的结构，即按照知识产权战略制定、知识产权创造、保护、运用这一知识产权人员熟悉的套路起草标准。但我始终没有放弃，坚持说服各国专家，我们应当摒弃习惯的知识产权思维，面向创新者，将知识产权管理活动嵌入创新过程，方便创新者"按图索骥"。所幸，中国提出的框架成了国际标准最终采用的架构。

正是在这一时期，我萌发了要写一本面向创新者的知识产权管理书籍的想法，不是从知识产权专业的角度，而是从创新者应当具备的知识产权思维和知识的角度，不用"法人法语"，而是尽可能用通俗易懂的语言徐徐道来。于是，我开始回顾和梳理所接触的创新者在知识产权方面经常遇到的问题、关心的问题，以及自己在工作中发现的对创新影响比较大的问题。

2004年，受家中老一辈科研工作者的影响，知悉国内的成果转化亟缺人才，我博士毕业后来到中科院计算所从事技术转移工作。为了破解科研成果转化中国家课题产出与市场需求"两张皮"的难题，按照计算所领导的安排，我前半年的工作重心是与各实验室的研究员一起对研究成果进行"拆积木"，绘制计算所的技术成果与技术能力图谱。在与来计算所寻求技术合作的企业洽谈时，基于图谱能够快速按照企业的需求"搭积木"，商谈技术转移的可行性与解决方案。当时的国内企业更多愿意采用委托开发或建设联合实验室的合作模式，而国外企业更多会考虑知识产权许可或转让的模式。在与国外企业的谈判中，我开始遭遇因专利质量低下导致交易目的无法达成或交易价格远不及预期等问题。

作为还没读过几遍专利法的"小白"，技术转移中的现实"打脸"越来越让我认识到知识产权的重要性。于是，与实验室的老师们交流时，除了把技术聊清楚，我们还开启了"小白"与"老白"的知识产权对话。我发现，很多科研人员都知道申请专利能保护科研成果，但认为写专利跟写论文差不多，按照"八股"格式套写就行，最后不少专利申请也能获得授权。但直到技术转移环节，才发现要么专利的保护点跑偏，要么保护范围过小。至今，一个个技术领先且契合市场需求但专利不给力的案例仍在脑海中清晰可见！我开始"以终为始"地从知识产权的价值实现方式和要求来看待前期的知识产权申请工作，深刻认识到知识产权的"卡位"与质量的重要性。遗憾的是，十多年过去，国内专利数量蹭蹭上涨，但质量能过关的实在有限！

在与我的合伙人马军芳先生共同创立知识产权的专业服务机构——北京科慧远咨询有限公司以后，我的工作仍然是跟不同的创新者打交道。他们或就职于国内外一流的高校院所，是行业顶尖的科学家，存在成果转化的需求；或已创业成为董事长、CEO，准备科创板上市；或正准备成立自己的公司。在与他们的交流中发现，不少创新者对知识产权的认知仍主要是从保护创新成果的角度，希望利用知识产权制度获得对其创新成果的排他性保护，这与国际标准制定中各国专家反馈的创新者关于知识产权的理解基本一致。正因如此，在标准起草的过程中，国际专家们罕见地迅速达成一致，在标准的引言部分需要专门指出，创新组织不应仅从法律保护和防御角度看待知识产权。

1986年，加州大学伯克利分校的戴维·蒂斯（David Teece）教授提出，企业应该采取措施实现知识产权除防御以外的附加价值。这一观点，无论对于当时的美国企业，还是实施《专利法》不足一年的中国企业，都相当超前。20多年过去，知识产权的价值早已无人否认，但创新者对知识产权的认知仍主要停留在知识产权法律赋予的排他性所带来的防御价值，即通过知识产权防止竞争对手抄袭、模仿自己的智慧成果。然而，身处以知识产权为主的无形资产决定公司80%以上市场价值的时代，如果企业的负责人对知识产权的认知局限在法律保护层面，又如何能够利用知识产权放大创新价值、支撑商业目的的达成？如何能够知晓知识产权这张牌到底有多少种打法？

作为知识产权的从业者，我们要向创新者传递更广泛的知识产权价值认知。回顾入行的20年，我似乎一直都在践行和倡导"跳出"知识产权看知识产权。身边的朋友、同事都知道我是计算机专业的博士，但很少有人知晓我的本科专业是经济管理。我一直有个感受，本科专业对一个人底层思维的影响是巨大的。所以，刚入行参加世界知识产权组织的培训课程时，听到的第一句话——"从资产出发"，就那样深深地触动了我并影响至今。以至于在思考书籍大纲时，我毫不犹豫地决定要把这个最重要的思想写入第1章。

本书共有7章，第1章重点是重塑认知，强调知识产权从来就是为商业而生。第2章介绍了知识产权管理的基础框架，其中的关键是通过商业与创新战略的解码，解决企业知识产权管理与战略脱节的诸多现实难题。第3章和第4章分别选取了管理框架中最基础的两大现实问题——如何积累高质量的知识产权组合以及如何评价、应用这些组合。在此基础上，第5章选取了高质量和高价值专利的典范——标准必要专利，讲述如何通过标准必要专利战略引领创新，提升行业话语权。第6章涉及科创型上市企业的知识产权功课。第7章介绍了创新型企业管理的优化升级，讲述了如何将知识产权与企业主要业务线融合管理。

如果您有兴趣和时间，通读本书自然是最好的选择。如果您时间紧张，或者只是对某些特定的主题感兴趣，您可以按照表0-1选取感兴趣的内容，略过其余章节。

表0-1　本书内容概览

读者定位	阅读内容	推荐原因
初创期的创业者	第1章至第3章，第6章按需阅读	第1章建立正确认知；第2章是IP管理框架；第3章引起对布局与质量的重视；拟科创板上市，建议尽早阅读第6章
发展期的企业高管	第1章、第2章和第7章，第5章和第6章按需阅读	第1章重塑认知；第2章关注战略与IP日常管理的脱节问题；第7章将IP融入各项业务；若企业参与标准制定和拟科创板上市，建议尽早阅读第5章和第6章

(续)

读者定位	阅读内容	推荐原因
企业 IP 管理人员或其他 IP 从业人员	第1章至第4章、第7章，第5章和第6章按需阅读	第1章建立正确认知；第2章是 IP 管理框架；第3章是掌握如何产出高质量专利；第4章是掌握 IP 价值评价方法；涉及标准制定和拟科创板上市的，建议尽早阅读第5章和第6章
投资人	第1章、第4章和第6章，第2章和第7章按需阅读	第1章建立正确认知；第4章利于了解如何判断 IP 价值；第6章利于了解科创板上市；涉及投后管理的，建议尽早阅读第2章和第7章
研发人员	第1章、第3章和第4章，第5章按需阅读	第1章建立正确认知；第3章和第4章分别了解何谓高质量和高价值专利；涉及标准制定的，建议尽早阅读第5章

各章内容简介如下：

第 1 章 "重塑认知：知识产权，为商业而生"。本章从爱迪生教科书级别的专利保护与运用案例讲起，展示了知识产权的价值远不止于保护，包括知识产权为支撑创新者穿越"死亡之谷"所能发挥的生命线作用，从而指出应当从资产的角度重新认识知识产权，分析企业需要知识产权做什么，让知识产权成为服务于企业商业战略的工具。

第 2 章 "管理架构：经营与创新战略解码是关键"。本章借用世界知识产权组织顾问朱莉·戴维斯与苏珊娜·哈里森关于企业知识产权管理的金字塔结构，介绍了企业知识产权管理的价值阶梯，更为重要的是，讲述了如何通过价值解码等工具解决常见的企业战略与知识产权日常工作脱节的问题，以及如何将知识产权嵌入创新过程进行管理。

第 3 章 "IP 创造：高质量是商业价值实现的前提"。本章重点针对技术创新中普遍存在的事后零星申请专利的现象，针对知识产权的

"卡位"和质量问题，指出知识产权应当开展顶层设计，具体介绍了如何从布局目标、对抗主体、布局点位、布局类型、布局地域、布局时机等方面开展知识产权布局，如何系统地提升专利质量和有效管理外部知识产权资源，如何根据商业目标维护好自身的知识产权组合。

第4章"IP运用：价值评价要素与实现手段"。本章分别从知识产权的价值和价值度的层面，讨论了针对知识产权价值相对性和动态性等特点，如何开展知识产权的价值评估，如何看待和使用价值评估的结论，介绍了知识产权价值实现的不同方式，并结合特斯拉开放专利的案例，再次强调了知识产权价值实现应当为企业的商业目标服务，不应为知识产权运营而运营。

第5章"产业布局：标准专利战略的打法"。近年来，标准必要专利对一些产业的规则制定、创新路径、利益分配等方面的影响越来越大，本章从标准专利问题的由来讲起，介绍了何为标准必要专利、国内外主流标准化组织的知识产权政策，以及企业应当如何培育自己的标准必要专利，最后介绍了华为的"研究—标准—专利"联动战略。

第6章"资本市场：科创板上市知识产权必修课"。目前科创板已经成为我国"硬科技"企业上市首选地。本章分析了大量企业在科创板问询中遭遇的知识产权的数量、质量、来源、权属、诉讼等问题，帮助企业掌握上市委的问询思路，讲述拟上市企业应如何尽早从知识产权合规管理、知识产权布局规划和知识产权风险防控等方面做好上市前的知识产权功课，提高上市所要求的科技创新能力。

第7章"优化升级：将知识产权全面融入业务"。本章主要从如何将知识产权融入企业各业务线，包括供应链、人力资源、财务、海外市场等方面展开，介绍产业主导者如何在生态中引导建立透明、合理的知识产权规则，促进技术创新与技术流动；以及作为产业参与者如何利用知识产权工具，提升在产业生态中的核心竞争力。

目录

丛书序
序
前言

第 1 章 重塑认知

知识产权，为商业而生

爱迪生最擅长的不是发明 /002
关键认知 1：忽视知识产权等于将市场拱手让人 /005
关键认知 2：知识产权，跨越"死亡之谷"的生命线 /008
关键认知 3：知识产权是具有战略意义的核心资产 /012
关键认知 4：不是 IP 能做什么，而是要 IP 做什么 /017

第 2 章 管理架构

经营与创新战略解码是关键

路径 PK：先"知识产权"vs. 先"管理" /024
企业对知识产权管理的价值期许 /028
建立知识产权管理与企业战略的联系 /031
将知识产权管理变成"一把手"工程 /038
建立系统化的知识产权管理体系 /042
知识产权与创新的融合管理 /049

Contents

第 3 章 IP 创造

高质量是商业价值实现的前提

质量缺陷：数不清的遗憾 /062
知识产权组合的威力 /065
以终为始：知识产权布局的不二法门 /070
系统化的质量管理是关键 /075
选好、用好外部资源 /080
维护知识产权组合 /082

第 4 章 IP 运用

价值评价要素与实现手段

知识产权的价值与价值度 /088
评价因素透出的端倪 /092
IP 到底值多少钱 /102
知识产权价值实现的常见手段 /105
特斯拉：免费开放也是一种玩法 /112

XVII

第 5 章 产业布局

标准专利战略的打法

标准专利问题的由来	/118
何为"标准必要专利"	/119
标准必要专利的披露	/122
公平、合理且无歧视的许可	/125
标准必要专利的培育	/127
万物互联,标准专利不容忽视	/130
华为:"研究—标准—专利"联动典范	/132

第 6 章 资本市场

科创板上市知识产权必修课

上市遭遇知识产权诉讼阻击	/138
难过的审核问询关	/141
专利信息披露的门道	/145
权属问题早厘清	/149
如何提升"科技创新能力"	/155

Contents

第 7 章 优化升级
将知识产权全面融入业务

供应链管理的知识产权抓手 /162
HR 不只是培训和发奖金 /166
财务方面的知识产权考量 /170
防范"走出去"的知识产权风险 /175
产业生态中的知识产权法则 /179

参考文献 /184

技术创新的商业价值
从知识产权认知变革到管理实践

第 1 章

重塑认知

知识产权，为商业而生

> 商业中天生就有知识产权。它并不是你的业务兴旺后才需要意识到和保护的东西，等到那时，可能为时已晚。
>
> ——希琳·史密斯（Shireen Smith）

爱迪生最擅长的不是发明

托马斯·爱迪生（Thomas Edison），人类发展史上最有名的发明家，一生中获得了 1 093 项美国专利，覆盖电灯、电力系统、留声机、电报电话等多个领域。如果算上其他国家的专利申请，爱迪生拥有的专利总量高达 2 332 项，这一纪录保持至 2003 年，才被一位日本发明家超越。

爱迪生的发明从来都不是盲目的。他曾说："我一生都在做一个商业发明家，从来不做任何没用的东西。"以电灯为例，爱迪生并不是第一个发明电灯的人，但他致力于让电灯进入千家万户。他研究如何建设电力系统，研究什么样的灯丝材料更持久耐用，进而使电灯商业化变得可行，将电力供应到每家每户。

而历史上另一位同样具有惊人创造力的跨界发明家——达·芬奇，在地质、物理、生物、军事、水利、土木、机械等领域提出了很多重要的发现和创意，流传于世的设计手稿有上千页，仅机械武器就多达几百种，其中一种利用压缩空气产生升力的飞行器还被不少人视作现代直升机的鼻祖。然而，达·芬奇的设计基本都停留在创意阶段，未能进入到商业化的阶段。

当爱迪生在自己发明家的身份前面冠以"商业"二字时，点出了"发明"与"创新"的实质区别——发明只求新，而创新除了求新，还要追求价值实现。

2013 年，国际标准化组织（ISO）成立了创新管理标准化技术委员会（ISO/TC279），负责制定创新管理的国际标准。各国专家在讨论创新的定义时，一致认同把"价值实现"写入创新的定义，并将其作为创新管理的首要原则。这些价值可以是长期的,也可以是短期的;可以是直接的,也可以是间接的;可以是财务的,也可以是非财务的。

也就是说,创新是一种价值创造活动,这种创造活动常常重在商业性。发明往往只是创新的起点,属于科技领域的创造活动,而创新则是发明在市场中的价值实现过程。正如熊彼特所说:"只要发明还没有得到实际应用,那么在经济上就是不起作用的。"

1847年爱迪生出生时,美国尚无实用电灯和摄影机;而1931年他离世之际,美国每周生产电灯泡3.3亿个,耗电1.1亿千瓦时,7 500万美国人每周花费7.19亿美元看电影。同年,据《纽约时报》估算,爱迪生的发明所产生的工业价值远超150亿美元,为人类进入电气时代做出了重要贡献。

所以,不要让发明奇才的光环掩盖了爱迪生作为创新者的真实身份。爱迪生的一生都在不断找寻创新方向,研发商业上可行的解决方案,再将产品推向市场实现收益,是非常典型的、有组织的创新实践。事实上,爱迪生所关注的问题也是当代创新者共同面临的问题:开发什么样的产品才能热销?这些产品谁会用?有多大的市场规模?如何筹措资金开展研发、生产和销售?如何组建研发团队?这些产品应该如何设计以便于投入生产?如何打消投资人担心的知识产权风险?如何挑选创新合作伙伴?如何利用专利提升竞争力?

下面我们用电灯的例子来看看爱迪生的创新过程。

19世纪70年代末,俄国工程师亚布洛契科夫推出了第一个适用于户外和大型室内空间的弧光照明系统,但弧光灯的刺眼限制了其在家庭和商业区的应用。1878年,在安索尼亚参观完弧光照明系统后,爱迪生非常兴奋,确信自己能够研发一种"再分"系统,解决弧光灯过亮且无法分户控制的问题。爱迪生的解决方案是通过加装开关，在元件过热前切断电流，同时将电灯连接的方式改为并联电路，使得消费者可以自行控制自家电灯。很快，爱迪生把这一想法提交了专利申请，并开始接洽投资人准备融资事宜。

经过协商，爱迪生和投资人决定共同成立爱迪生电灯公司，初始资本设定为30万美元。爱迪生以其专利使用权作为投入，赋予公司在美国北部和南部独家使用其电灯专利的权利。作为交换，爱迪生获得了价值25万美元的公司股票，以及3万美元的研发资金，并额外获得了10万美元的款项。此外，在保证每年至少1.5万美元薪酬的基础上，公司还将按每盏灯5美分向爱迪生支付专利许可提成费。

公司成立后，爱迪生抓紧开展包括灯丝材料在内的实用照明系统关键技术的研发。爱迪生陆续成立了多家新的公司，分别专注于电灯的生产与销售、发电机和其他大型设备的制造与销售，以及区域中心发电站的建设与运营。在此期间，爱迪生持续在多个国家开展专利申请，强化实用电灯的专利组合，累计拥有425项美国专利和多项外国专利。到1883年春，爱迪生售出了330个独立照明系统，为64 000多盏灯供电。

在电灯销售过程中，爱迪生经历了多次专利诉讼。例如，与另一位英国的电灯发明者——斯旺产生专利纠纷，庭外和解后共同成立了爱迪生—斯旺电灯公司，在英国生产、销售电灯。在交流与直流配电方面，与威斯汀·豪斯的各类诉讼多达312桩。

论及于此，我们必须对爱迪生的专利意识和能力表达充分的敬意。在构想出实用电灯的初步解决方案后，他不等产品研发完成便申请专利，第一时间保护自己的创意。随后，他以专利为资本寻找投资人，通过专利使用权出资的方式创立公司，迅速获得融资以支持后续的研发工作。同时，他还以收取专利许可提成费的方式，持续参与产品销售的收益分配。这一系列操作，即便放到一百多年后的今天，依然是教科书级别的专利运营案例。在爱迪生此后的产品创新中，我们都可以看到他对专利制度熟稔之极的运用，尤其是电影放映机方面，更是基于专利保护，在相当长时间内控制了美国约 90% 的电影市场，以至于美国政府 1912 年向爱迪生控制的电影专利公司提出了反垄断诉讼。

作为一名创新者，爱迪生的非凡之处并不在于他总能无往不胜，事实上，他的有些项目败得很惨，但这无损于他在创新方面的成就。爱迪生最大的优势在于，拥有敏锐的商业嗅觉、系统化实施创新项目的能力以及精湛的专利保护和运用能力，这些特质正是他能在多个迥异的领域中屡次实现创新突破的核心要素。

关键认知 1：忽视知识产权等于将市场拱手让人

在多年的咨询实践中，我频繁地与初创企业的创始人打交道，他们中许多是各自领域的技术精英。诚然，大多数寻求咨询的创始人对知识产权保护抱有基本的认识。然而，囿于创业初期的资金紧张和研发团队的紧迫日程，他们在专利申请的具体执行上常常显得力不从心。一些公司可能会随意选择专利代理服务，进行零散的专利申请，误以为这便足以形成有效的保护；另一些则可能在创业的前两年完全忽视知识产权的申请。更令人担忧的是，为了迎合高新技术企业认证的要求，部分公司甚至购买了完全没用的专利滥竽充数。

很多时候，越是在创业早期，创意和发明越基础，申请的专利阻碍竞品的功效越强大。在初创期，企业错失知识产权保护的机会是十分可惜的，甚至会阻断自己的创新之路。美国麻省理工学院创新计划

（MIT Innovation Initiative）的一份报告指出，在研究了美国15个州1988~2014年的初创企业后发现：拥有商标的企业，其成长可能性是无商标企业的5倍；申请专利的企业，其成长可能性是未申请专利企业的35倍。

1999年，出生于日本大阪的井上大佑入选了《时代周刊》"20世纪最有影响力的亚洲人"，其获选理由是"改变了亚洲的夜晚"。2004年，井上大佑又获得了搞笑诺贝尔和平奖（Ig Nobel Prizes），原因是他"向人类提供了相互宽容谅解的工具"。《时代周刊》的影响力不必说，搞笑诺贝尔奖的很多颁奖人都是真正的诺贝尔获奖者，其入选成果必须是不同寻常的，能够激发人们对科学、医学和技术的兴趣。

井上大佑发明了什么样的工具，既改变了亚洲的夜晚，又使人与人之间能相互宽容谅解？答案是，卡拉OK！

1970年，担任伴奏乐手的井上大佑萌发出一个创意：能不能做一台可伴奏的机器，把钱放进去，机器就能播放伴奏音乐？井上大佑请人按他的想法制成了第一台8-Juke。一年后，最先做出的10台卡拉OK机摆进了小吃店，演奏的曲目也陆续灌制进去。1971年3月，随着订单激增，井上在横滨找到一家代工厂生产8-Juke。他采用免费租赁机器的商业模式，若机器月收入超过两万日元，则与店家对半分成。许多顾客单次消费能达到1 000日元，因此靠这款机器盈利相当容易。

井上大佑的姐夫建议为8-Juke申请专利，但他忙着表演和经营新公司，未将申请专利一事付诸行动。多年后，在一次采访中被问及为何没申请专利时，井上大佑解释说："我并没有从头开始创造这个东西，商业模式是我想出来的，可扩音器、麦克风、八轨录音机，甚至连一百日元投币机，都有专利。如今，我可以为商业模式申请专利，让别人制作,并从中获得收入。但在当时,为一种商业模式申请专利听起来简直不可思议。"事实上,撇开商业模式不论,8-Juke是一种典型的组合发明,在专利保护的技术方案中十分常见!

有意思的是,另一位日本工程师根岸重一比井上大佑早三年发明了第一台卡拉OK机——Sparko Box。根岸重一是一名多产的发明人,拥有多项专利,但因为不够看好Sparko Box的前景,且认为没有竞争对手,也没有申请专利。至此,两位卡拉OK的发明人都放弃了申请专利的机会。

不久之后,电子产品制造商知晓了伴唱机的存在,并很快发现这一设计尚未受到专利保护。1972年,日本消费电子产品巨头胜利、东芝、先锋等公司先后推出伴唱机。随着这些大公司的入场,受8-Juke启发的卡拉OK机在20世纪70年代遍布日本。据日本卡拉OK协会统计,在卡拉OK最风靡的时期,近2/3的日本民众都是卡拉OK的消费者,年销售额达160亿美元。

而卡拉OK最早的发明人——根岸重一和井上大佑的业务发展如何?经过各种努力,根岸重一在日本各地的不同场所放置了8 000台Sparko Box,最终于1973年退出这一市场。而井上大佑的8-Juke也很快被大公司更优质的产品取代。因此,他将业务重心转向了卡拉OK音乐录制,成为唱片公司和卡拉OK公司的中间人以及大公司产品的代理商。后来,他甚至创办了一家为卡拉OK包间提供蟑螂药的公司。

有人给井上大佑做过测算,因为没有申请专利,他损失了至少1.5亿美元的专利许可费。或许对井上大佑而言,这些高额的专利费只是从未考虑过的天文数字,但短短几年,率先设计的产品被行业巨头的同类产品迅速取代,自己被彻底挤出这一市场,个中滋味恐怕只有当事人才能真切知晓。

如果井上大佑当初申请了专利，又幸运地遇上了一位优秀的专利律师，行业巨头不可能毫无顾忌、堂而皇之地将借鉴 8-Juke 设计的同类产品如此快速地推向市场，这样井上大佑就能为自己赢得更多占领市场的时间。如果再将挣到的钱不断投入研发，对技术改进和新产品持续强化专利布局，或许就此诞生一家新的消费电子巨头也尚未可知。

井上大佑的故事以不同的版本在不同的行业时常上演。很多初创企业因为缺乏知识产权保护意识，担心申请专利费用高昂且费时费力，放弃了保护自己创新成果的机会，同时也失去了提高竞争对手入场成本、延缓竞争对手入场时间的机会。更有甚者，如果遭遇专利经验丰富且强悍的对手，会反遭竞争对手以专利布局阻断去路，第 3 章介绍专利布局时会介绍这样的案例。

事实上，在知识产权保护方面，做与不做、什么时间做、安排谁做、投入多大财力做，更多体现的是知识产权在创始人心中的优先级，而非真的完全没钱、没精力去做。作为科技型中小企业，独特的创意、设计和技术常常是企业创立、发展之本，这种敞开家底式的"裸奔"能跑多远呢？

关键认知 2：知识产权，跨越"死亡之谷"的生命线

自知识产权制度建立以来，知识产权的价值无人否认，但普遍的认知在于因知识产权法律赋予的排他性所带来的防御价值，即通过获取知识产权，阻碍竞争对手或潜在的市场进入者抄袭、模仿受知识产权保护的创意。

1986 年，加州大学伯克利分校哈斯商学院的戴维·蒂斯教授发表

了一篇名为《从技术创新中获利：集成、合作、许可和公共政策的影响》的文章，他认为，知识产权的附加经济价值超过其防御价值，企业应该采取措施来实现知识产权的附加价值。

不得不说，这篇文章的观点非常前卫。要知道，中国在1985年才正式施行首部《专利法》，当时绝大多数中国企业尚不知专利为何物，首批专利代理人也才刚刚接触专利申请。当然，这一观点对于彼时的美国企业同样超前。直到七年后，马歇尔·菲尔普斯（Marshall Phelps）在IBM知识产权许可业务的成功，才使得蒂斯教授的观点不再只是学术界的理论研究。

2015年10月，作为中国代表团的一员，我开始参与国际标准化组织（ISO）关于创新管理与知识产权管理的国际标准制定工作。2017年2月，由我主笔的《创新管理—知识产权管理指南》国际标准提案获得投票通过。在长达42个月的国际标准起草工作中，各国专家常常在诸多知识产权专业问题上争论不休，但难得一致的是，专家们均认为全球普遍存在将知识产权价值局限在保护方面的问题。因此，应当在这项国际标准的开篇阐明知识产权能够为创新型组织带来的更广泛价值，包括支撑战略定位、寻找创新伙伴、吸引投资、放大创新价值、促进合作等，以向未来的标准实施者尽早传递这一重要信息。

以知识产权支撑企业吸引投资为例。

3M公司的杰弗里·尼科尔森（Geoffrey Nicholson）博士曾说，科研是将金钱转换为知识的过程，而创新则是将知识转换为金钱的过程。大多数情况下，将产品推向市场被证明是企业尤其是中小企业面临的一个巨大挑战，从知识到财富之间有一条创新者难以逾越的"死亡之谷"。在这一时期，大多数创新因缺乏资金支持或方案在商业上不可行而失败。根据美国国家标准与技术研究院（National Institute of Standards and Technology，简称 NIST）的研究，90% 的科研成果还未走向市场，就被埋葬在创新的"死亡之谷"中。

如何降低创新的不确定性，顺利走出"死亡之谷"，是创新者必须面对的问题。由于创新成功需要多方参与，有效利用知识产权降低参与者的风险至关重要，这将确保他们因参与创新获得合理回报。因此，世界知识产权组织的咨询顾问克里斯托夫·卡兰杰（Christopher Kalanje）将知识产权比作跨越创新"死亡之谷"的生命线。

阅读爱迪生一生的创新故事不难发现，他总在创意形成后就申请专利，然后拿着专利找投资人融资，再用投资人的钱继续研发，直至将产品投放市场，并在这一过程中持续补强专利组合。早期融资往往决定企业能否活下去、活多久，以及能否尽快推出新产品。因此，当代的科技型初创企业也常常需要从一开始就考虑融资事宜。

投资人在提供创新所需的资金方面确实发挥着重要作用，这些资金使企业能够安全跨越"死亡之谷"。如果企业的商业计划表明，知识产权的实际或潜在有效使用将提高其创收能力、市场门槛或形成强大的市场地位和竞争力，那么，一个管理良好的知识产权组合，很可能成为影响投资人决定的关键因素。

通常，投资人确定初步投资意向后，会对投资对象开展财务和法律方面的尽职调查，调查结果将直接影响投资决定。法律事务尽职调查主要包括公司主体资格与历史沿革、治理结构与管理层、主要财产及其使用权情况、主要经营合同及其履约执行、诉讼及或有负债等内容。对于科技型企业来说，主要财产及其使用权情况调查的核心内容便是知识产权，尤其是专利。

近年来，在专利诉讼频发的领域，投资人越来越重视知识产权，甚至在投资前委托专业机构开展独立的知识产权尽职调查。基础调查主要包括权属调查和风险分析两部分，扩展调查还可根据委托人的要求开展价值评估。通过知识产权尽职调查，帮助投资人识别拟投项目的知识产权风险，合理评估创新实力与技术价值，为投资决策提供重要参考。

有些项目在基础信息调查阶段就能发现不少问题。例如，一家从事云计算和大数据业务的企业，在融资过程中向投资人介绍了其在云计算和大数据方面的三大核心研创能力。但在知识产权尽职调查中，发现其14项专利均与核心技术无关，引发了投资人对其研发实力的担忧。

再有，不少初创企业的创始人是技术达人出身，创立公司前申请了专利，并以专利权作价入股。调查中发现，出资的专利权是该创始人在上一家单位工作期间或离职不满一年时以个人名义申请的，且专利保护的技术与之前的工作相关。那么，这些专利存在被确定为前雇主职务发明的风险，即申请专利的权利归前雇主所有。如此，专利权出资可能存在权属不明的问题。

经验老到的投资人会在投资决策阶段研判哪些是"瑕疵"，哪些是"硬伤"。"瑕疵"通常改好后能继续往前走，而"硬伤"既不好改且后患也大，常常会对投资构成一票否决。对于创业者而言，如果因知识产权的"硬伤"而无法及时获得融资，将是一件非常遗憾的事情。

在知识产权方面，常见的"硬伤"往往是早期公司管理不规范带来的问题。例如，无形资产出资涉及的权利（如专利权）权属不清、估值存在严重偏差、权利有效性存在问题，主要产品的研发依赖于第三方的知识产权许可，核心技术存在知识产权权属纠纷或侵权纠纷等。这些"硬伤",非常不利于企业融资,甚至在未来触碰红线,影响公司上市。

曾经有一位硅谷的投资人总结说,他在看科技项目时,对知识产权主要看四个方面:一是知识产权权属是否清晰,是否存在潜在的权属纠纷;二是知识产权的数量,相比于同领域的其他公司,是否申请了数量相当的知识产权;三是知识产权的质量,是否具备足够的保护强度;四是知识产权保护情况,是否对核心技术和产品给予了充分保护。

在大多数情况下,一项创新要成功穿越"死亡之谷",往往需要资金、技术、市场等方面的外部支持。知识产权对影响外部合作伙伴决定是否参与该创新项目具有重要影响。具有融资需求的企业应当站在投资人的角度,考虑如何通过知识产权的有效管理,尽可能降低知识产权方面的风险,最大限度保障投资安全,才更有利于吸引投资,赢得创新所需的"生命线"。

关键认知 3:知识产权是具有战略意义的核心资产

记得刚入行的时候,有一堂世界知识产权组织(World Intellectual Property Organization,简称 WIPO)的培训课程让我印象深刻,只因其培训课件的第一句话——"从资产出发"。由于当时在中科院计算所工作,看到所有科研机构和大学只是将知识产权作为科技成果管理,所有专利都被存放在档案柜里,当读到这句话的时候,我有一种强烈的感觉:知识产权的价值被严重局限和低估了!

出生于 20 世纪 30 年代的管理大师拉姆·查兰(Ram Charan),有机会"一对一"地与世界上最成功的商业领袖一起工作。他在零距离的观察中发现了一个很有意思的商业现象,这些伟大的 CEO 非常善于抓住企业经营的根本要素——"商业智慧"。

所谓"商业智慧",即企业运营的六个关键要素——现金净流入、利润(率)、周转率、资产收益率、业务增长和顾客。企业家一旦掌握六个要素的本质,就学会了任何企业运营的基本知识。如果把经营企业比作车辆驾驶,这六个关键要素中,顾客是方向和目标,业务增长是行动路线,现金净流入、利润(率)、周转率、资产收益率是仪表盘显示的各项数据,反映了车辆的运行效率。

查兰指出,具有商业智慧的人应该清楚公司的资产。例如,生产车间、办公大楼、计算机系统、存货、现金等。考虑如何利用这些资产赚钱,产生丰厚的利润,一直是股东判断公司经营状况的重要指标,也自然成为诸多 CEO 的管理目标。

然而,随着时代的变迁,具有商业智慧的人是否应当注意到近 50 年企业资产的结构变化?

图 1-1 展示了 1975~2005 年标准普尔 500(S&P 500)指数覆盖的公司市值的变化。如图所示,在 1975 年,这些公司市值的 83.2% 由有形资产决定。但经过 30 年的发展,自 2005 年开始,公司资产结构的"八二"比例出现反转,即公司市值的 79.7% 改由无形资产决定。此后近 15 年,无形资产比重逐步上升至约 84%,不同行业略有差异。

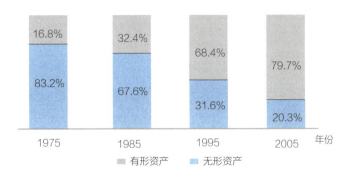

图 1-1 1975~2005 年标准普尔 500(S&P 500)指数覆盖的公司市值的变化

从美国波耐蒙研究所（Ponemon Insitute）的《2019无形资产的财务影响对比报告》中，我们可以进一步看到，S&P 500指数覆盖公司有形资产和无形资产的绝对值变化。1975~2018年，有形资产从5 940亿美元增长至4万亿美元，后者是前者的6.73倍；无形资产从1 220亿美元增长至21.03万亿美元，后者是前者的205.16倍，如图1-2所示。

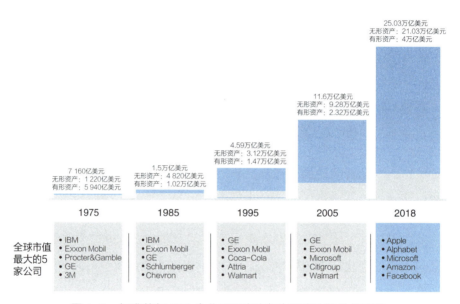

图1-2　标准普尔500企业无形资产与有形资产的价值变化

那么，企业的无形资产都有哪些？

美国怡安集团（Aon）对企业的35种无形资产进行了识别，并将其归纳为如下8类：

（1）知识产权，指人的智力创造的资产，包括专利、商标、版权、商业秘密、集成电路布图设计等，其中专利和商标属于工业产权。

（2）B2B权利，指商业合作产生的、具备价值的资产，包括广播权、市场化权、使用权、特许经营协议、许可协议、按揭权等，可能获得知识产权保护。

（3）品牌，指与消费者感知有关的资产，包括品牌权益、社交媒体影响力等，可能获得知识产权保护。

（4）"硬"无形资产，通常指可以体现在资产负债表中的资产，包括商誉、软件许可、域名等，可能获得知识产权保护。

（5）公共权利，指因公共利益或政府管控所产生的具有价值的权利，包括开采权、进口限额、用水权益、无线频谱、碳排放权、空间权等。

（6）数据，指计算机系统中存储的信息，包括软件代码、数据（狭义）、数据库、客户名单及偏好、交易数据、视频/音频资料、专用信息等，可能获得知识产权保护。

（7）非收入性权利，指非旨在影响收入创造的无形资产，包括非竞争性协议、中止性协议等。

（8）关系，指人与人、公司与公司间产生的相关价值，包括消费者关系、供应商关系等。

这些无形资产中的第一类便是知识产权，而其他类别的无形资产如B2B权利、品牌、数据等也与知识产权密切相关。可以说，以知识产权为核心的无形资产已成为现代企业财富的主要来源。

可口可乐公司的总裁曾经说过，如果可口可乐全世界的厂房被大火烧光，只要可口可乐的品牌还在，一夜之间他会让所有的厂房在废墟上拔地而起。我想，这位总裁发表此论断时，还默认留有可口可乐的配方。无论是依托商标保护的品牌，还是作为公司商业秘密的配方，能够快速重建可口可乐公司的已不再是机器、厂房等有形资产。显然，管理知识产权和其他无形资产能够为CEO最大化公司价值提供最为有利的机会。

依据这样的逻辑,知识产权管理似乎应当成为CEO的主要职责。但现实很骨感,不要说主要职责,在绝大多数公司,知识产权管理甚至都未进入董事长、CEO和其他高级管理人员的视线。他们对知识产权的了解很多都停留在几个申请和授权数字,也常常认为知识产权是单纯的法律问题,而非影响企业经营发展的商业问题。

正如马歇尔·菲尔普斯发出的灵魂拷问:"你能否想象,一个军队的统帅不知道该如何利用军队中80%的武器以达到目的——甚至不知道这些武器是什么——而只是把任务交给参谋去完成?"既然知识产权已经成为现代企业具有战略意义的核心资产,为什么CEO却很少关注知识产权的管理与利用?中国如此,美国亦如此。

在20年的知识产权管理与咨询实践中,我发现,往往只有"尝过甜头"和"吃过苦头"的公司最高管理者才会真正重视知识产权,而不只是停留在口号上。"尝过甜头"指通过知识产权许可等方式为公司带来收入和利润;"吃过苦头"指因遭遇知识产权诉讼付出不小的代价,赔钱甚至失去入场机会。无论是创造收入还是付出赔偿,知识产权都将在公司的财务报表上留下痕迹,影响公司的当期利润。当这个数字足够大时,CEO们如何能够视而不见?

"尝甜头"和"吃苦头"的过程中,因知识产权的主动与被动利用,知识产权变"活"了,变得对公司经营状况产生了直接影响,甚至是巨大影响,这些影响直接反映在财务报表中。然而,更多的时候,知识产权处于"静默"状态,我们的财务报表没有给予知识产权应有的位置。用《知识资产管理》杂志专栏作者布鲁斯·伯曼（Bruce Berman）的话来说："知识产权价值一般不会出现在资产负债表上"，这也是少有 CEO 会关注知识产权的重要原因。

会计制度从 100 年前沿用至今，但是企业价值的资产结构已经发生了重大变化。多年前，我询问过多家知识产权管理卓越的跨国公司的知识产权负责人或首席财务官，在现行会计制度下，他们如何解决知识产权的价值显性化问题？给我的答复都是——独立报告。

所幸，我国相关行政主管部门已意识到这一问题的重要性。2018 年 11 月，国家财政部和国家知识产权局联合印发了《知识产权相关会计信息披露规定》，要求企业对于按照《企业会计准则第 6 号——无形资产》规定确认为无形资产的知识产权和企业拥有或控制的、预期能带来经济利益的、但因不满足确认条件而未确认为无形资产的知识产权，相关会计信息均应予以披露。

是时候把知识产权从档案柜里彻底"解放"出来，让知识产权成为企业的优质资产，萃取知识产权的价值，为企业的商业目的服务了！正如凯文·G.里韦特（Kevin G.Rivette）在《尘封的商业宝藏》（*Rembrandts in the Attic:Vnlocking the Hidden Value of Patents*）一书中所言："在今天的知识经济时代，知识产权不能仅仅被视为法律工具，也不能仅被看作保护你的技术或产品免被盗用的问题。实际上，它是与商业战略密切相关的问题，打好知识产权这张战略牌是首席执行官义不容辞的责任。"

关键认知 4：不是 IP 能做什么，而是要 IP 做什么

每家企业自创立之日起，创始人必然会在不同阶段设定其商业目

的，实施商业战略，尽管其战略可以是成文的，也可以是非成文的。毫无疑问，为实现企业商业目的的经营战略是个性化的。因此，为商业目的服务的知识产权战略和价值实现方式也应当是个性化的，只关注数量增长的知识产权工作不可能真正有效支撑企业的战略发展。

2003年5月25日，IBM前知识产权与许可副总裁马歇尔·菲尔普斯（Marshall Phelps）接到了比尔·盖茨（Bill Gates）的电话，邀请菲尔普斯到微软工作。盖茨说："我知道布拉德·史密斯（Brad Smith，时任微软法律总顾问）昨天和你谈了工作的事情，而我只是想强调一下，我们的确非常希望你能来微软，帮助我们解决当前面临的巨大挑战。"

盖茨对菲尔普斯过去的卓越表现显然了如指掌，即便知道他已退休，仍不遗余力地邀请他加入微软。短短十天后，微软便宣布菲尔普斯将出任知识产权副总裁。此消息一出，立刻掀起了轩然大波。正如某IP贸易期刊写道："当世界上最富有的人雇用了全世界利润最高的知识产权项目的设计者时，商业世界需要注意了。"

我们先来看看菲尔普斯为IBM所设计的"利润最高的知识产权项目"。

1991年，已在IBM任职20多年的菲尔普斯被委任为C&IR（Commercialand Industry Relations，简称C&IR）副总裁，负责商业与行业关系。因种种原因，IBM的知识产权管理归属于C&IR而非法务部门。IBM错失小型计算机的发展契机，大型计算机市场也持续萎缩，陷入前所未有的困境，甚至面临生死存亡的威胁。1992年，IBM巨亏81亿美元，创下了美国商业史上最大的亏损纪录。1993年4月，路易斯·郭士纳（Louis Vincent Gerstner Jr.）临危受命，接任IBM的CEO一职，而当时IBM的银行存款已难以支撑公司百日运营。

在蓝色巨人面临如此巨大的财务危机时，作为负责C&IR部门的副总裁，菲尔普斯开始思考：IBM需要知识产权做什么？答案很简单，收入！而对于知识产权管理部门，显然需要通过知识产权挣钱，即通过向外部公司甚至竞争对手许可知识产权以获取收入。这一想法在当时的美国商界算得上非常前卫甚至激进。事实上，看似简单的"收入"二字已经道出了菲尔普斯为最艰难的蓝色巨人所设计的知识产权战略的核心。

前任CEO刚卸任，新任CEO尚未接管，菲尔普斯果断开启了改革。他首先将部门更名为知识产权与许可部门（IP&L），随后停掉非知识产权项目，精简近百人，并开始积极探索专利许可业务。为赢得各部门的支持，以便向其他公司（包括竞争者）许可专利技术，他提出将专利许可的全部收益直接划归各部门，以此作为激励。

为推进专利许可的成功实施，菲尔普斯积极游说微电子部门的负责人麦克·阿塔多（Mike Attardo），成功说服他调派10名双极芯片工程师携带精密设备来到知识产权部门，深入剖析竞品芯片，条件是为微电子部门提供2 500万美元的资金。分析结果令人震惊：在众多竞品芯片中，工程师发现了使用IBM已申请专利的特有镶嵌方法形成的"vias"凹槽。这一发现无疑为专利许可铺平了道路。果不其然，第一年，菲尔普斯就向微电子部门交付了4 800万美元的专利许可收益。

随着专利许可的初步成功，阻力也随之增大，新任CEO郭士纳听闻内部的抱怨，致电菲尔普斯，质疑其将技术授权给竞争对手的行为，并询问其真正意图。为证明此举的明智，菲尔普斯与同事拆开一台IBM笔记本电脑，在技术元件上插了150面小旗，展示即使是IBM的产品也需获得多方授权。他对郭士纳强调：技术的相互依存已成为新常态，我们无法脱离专利授权的游戏规则。最后，菲尔普斯大胆承诺，到 2000 年将通过知识产权许可创造 10 亿美元的利润。

或许受到这一承诺的蛊惑，郭士纳支持了菲尔普斯的想法。最终，仅三年，IBM 的知识产权许可收入累计就高达 10 亿美元。在菲尔普斯退休的 2000 年，年度许可收入已达 19 亿美元。更为重要的是，除去管理部门所花费的 3 600 万美元，剩余的 98% 都是公司的纯利润，占公司总利润的 1/4。

在 IBM 的 28 年职业生涯里，作为美国公司中最早发现知识产权商业价值的高级管理人员之一，菲尔普斯重塑了 IBM 以许可为核心的知识产权管理架构，领导了 IBM 专利授权项目的改革，使之成为每年创造近 20 亿美元利润的挣钱机器。华尔街媒体评论说，菲尔普斯"将 IP 安插到公司版图上，令高级管理层和华尔街大吃一惊，进而注意到 IP 并将其视为摇钱树"。可以说，菲尔普斯让美国公司高级管理层和华尔街意识到了长期被埋没的知识产权的巨大价值。

正因为如此杰出的过往成就，菲尔普斯在退休后又被盖茨诚意邀请加入微软。显然，这样的"勇士"来到微软，确实可能引起恐慌，担心微软会利用知识产权不断强化其垄断地位。例如，全球知名 IT 杂志《至顶网》(ZDNet)就推测：微软迫切希望利用专利权控制开源软件。

当菲尔普斯来到微软后，他又重新开始了接手 IBM 知识产权工作时的思考：微软需要知识产权做什么？是要重新为微软打造一台知识产权的赚钱机器吗？与当初处于历史最低谷的 IBM 不同，彼时的微软每月自由现金流高达 10 亿美元，靠专利许可挣钱显然不是盖茨亲自邀请菲尔普斯的目的。

研究表明，在 20 世纪 70 年代，约 80% 的创新来自单个公司内部的研发实验室；到21世纪初，超过2/3的创新与某种组织间的合作有关。《经济学人》(The Economist)的调查显示，在认识到以上事实的基础上，70%的高级管理人员得出结论：加速创新的最佳战略是加强与外部组织的合作。

因长期被视为信息技术行业垄断者，21世纪初的微软与合作者的关系紧张至极，严重阻碍了微软适应新兴的"开放式创新"时代。此外，微软也面临全球反垄断诉讼的威胁，分拆风险、高额诉讼费用、员工利益受损等问题层出不穷。

因此，菲尔普斯意识到，微软新知识产权战略的核心在于利用知识产权改善与行业的关系，并推动新合作关系的建立。后来，菲尔普斯透露，他之所以接受这份工作，是因为盖茨承诺希望通过知识产权改变微软与业界的交流方式。

菲尔普斯带领团队开始专利开发、组织调整、文化变革、战略制定等系列工作，继而开始推进"开放式运营"。尽管面临公司固有封闭模式和文化方面的重重阻碍，但在盖茨的强大影响力和菲尔普斯的出色管理下，新合作型知识产权战略所带来的变化逐步显现，并引发了媒体和分析家的关注。《财富》(Fortune)杂志2004年发表名为《雷德蒙德的开放政策》(Redmond's Open-Door Policy)的文章，其中写道："微软一直以警觉地保护其商业秘密而闻名，犹如前克格勃（KGB）。但在采取了系列惊人且不引人注意的举措之后，微软已经发生彻底改变。雷德蒙德称之为开放政策（glasnost）。"

菲尔普斯回忆，他初入微软时，并不清楚知识产权能在重塑公司及文化方面发挥多大作用，就像当年他向郭士纳承诺10亿美元收益时，也不确定钱从哪里来。虽然他坚信知识产权是公司的重要资产，但未曾预见到其在促进技术合作和构建产业生态方面的巨大潜力。微软当时的法律总顾问史密斯也对知识产权巨大的转型推动力量感到震惊，他说："我知道知识产权将会帮助我们重新建立与行业的关系，但是，我没意识到它所发挥的作用是如此的强大且有效。"

纵观菲尔普斯在 IBM 和微软的两段经历，不得不说，其知识产权管理理念相当超前，无论是在 IBM 真正将知识产权作为创造高额利润的商业资产，还是在微软将知识产权作为公司转型"开放式经营"的战略工具，菲尔普斯始终抓住了发挥知识产权价值的金钥匙——为商业服务。知识产权从来就不应该只是年终总结时的几个数字，也早已不单是阻止竞争对手发展的武器，它可以为企业创造收入，可以为企业构筑商业合作的桥梁。只要捕捉到企业实现商业目的过程中对知识产权的深层需求，知识产权就会带给我们惊喜。

围绕企业的经营战略，找到企业需要知识产权做什么，这才是企业知识产权管理工作的"初心"！记住，不是 IP 能为我们做什么，而是我们需要 IP 做什么。

第 2 章

管理架构

经营与创新战略解码是关键

最主要的问题是,你是否会使用知识产权来促进公司战略目标的实现?

——奥拉西奥·古铁雷斯(Horacio Gutierrez)

路径 PK：先"知识产权"vs. 先"管理"

入行这些年，观察企业知识产权管理的发展之路，我发现很多企业知识产权部门创建人摸爬滚打的早期经历非常相似。许多人被调至知识产权岗位后，开始学习知识产权的基础知识和基本技能，例如专利申请、检索等。随着工作的深入，进一步研究专利布局、专利质量控制，以及探索如何实现知识产权的价值，例如将专利纳入标准、尝试知识产权运营等。如果企业有海外市场或计划出海，又继续研究海外市场涉及国家的知识产权法律法规及司法实践。这些知识产权管理人员的学习和思考过程，某种意义上也是企业知识产权管理发展路径的一种投射。

以企业的专利申请量为参考指标，可以把企业的知识产权管理划分为四个典型的发展阶段，如图 2-1 所示。第一阶段为学习了解阶段，企业开始有零星的专利申请；第二阶段进入到以国内专利申请量激增为主要特点的数量扩张阶段；第三阶段着手考虑知识产权战略制定和质量控制；第四阶段进入知识产权战略的实施阶段。

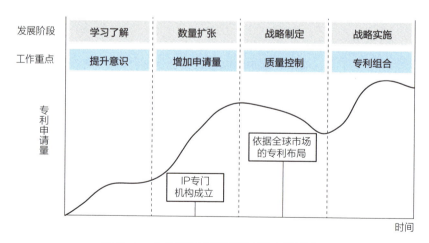

图 2-1 企业知识产权管理的四个发展阶段

第 2 章　管理架构：经营与创新战略解码是关键

第一阶段，企业通常尚未设立知识产权专门机构，仅由一人兼职在研发人员与专利代理机构间充当信息传递者，负责技术交底材料和专利申请文件的交接。此阶段，知识产权人员的工作主要是简单的文件转交，几乎未付出"增值"劳动。此时的专利申请以零星自发为主，重点在于建立简洁实用的知识产权制度和流程，而知识产权培训则侧重于普及知识和提升员工意识。

随着知识产权意识的提升，国内专利申请数量迅猛增长，年申请量可能从几件飙升至数十甚至上百件，或从不足百件激增至数百件乃至上千件。在数量增长的中后期，多数企业开始重视专利质量和知识产权的战略规划。在走访了众多企业后，我们发现，随着专利数量的激增，知识产权管理部门特别是部门负责人常常会受到"夹击"，即知识产权部门必须面对来自企业高层和研发人员对于专利价值的"灵魂拷问"：公司花这么多钱，研发人员花大量精力写专利，这些专利到底有什么用？

因此，在这一阶段，企业知识产权负责人必定会开始关注如何切实实现专利的价值。要实现这一目标，首先需要对企业现有的专利进行全面梳理和评估。然而，评估结果往往显示早期专利质量并不尽如人意。鉴于此，对新增专利的质量进行更严格的管控势在必行。同时，随着企业发展，专利预算并不会随申请量的增加而无限增长。在预算相对稳定的情况下，面对不断增长的专利提案，企业需要建立一套筛选机制，以挑选出更具潜力和价值的专利提案，这也进一步凸显了专利质量管控的重要性。

在数量增长阶段，工作重心在于健全知识产权管理体系，并明确其定位与发展方向。具体而言，需完善相关制度，优化流程，并全面提升各部门的知识产权能力，包括知识产权部门及研发、销售、采购等相关部门。该阶段的后期往往会出现知识产权工作的拐点，若无法明确知识产权的定位与发展方向，让知识产权依然停留在事务性层面，那么知识产权管理将难以有效支撑企业经营，更无法发挥其战略作用。

重视专利质量后，企业专利申请量会趋稳甚至下降，这得益于早期规划的清晰准确与管理的规范有效。此阶段重点在于知识产权战略制定、专利制度的策略运用、专利导航分析等。知识产权战略需服务于企业中长期规划，作为经营战略的组成部分，需根据可持续发展定位深度融入业务部门。若知识产权部门仅被动等待研发人员的专利申请，则难以对企业经营产生实质性贡献。同时，此阶段也着眼于知识产权的价值体现，无论是通过转让或许可获得直接收益，还是发挥钳制竞争对手、提高产品门槛等隐性价值，都需积极探索多样化的方式，切实实现知识产权的价值。

进入第四阶段，知识产权已深度融入企业经营之中。此时，知识产权的战略实施已成为企业运营的重中之重，旨在为企业的发展提供坚实支撑。这一阶段的工作将从智慧资源规划的高度出发，进行综合筹划。鉴于企业经营策略的个体差异性，知识产权管理也是根据每个企业的具体需求差异性为之。因此，这是一个高度个性化的战略执行阶段。

假定知识产权工作遵循这样一个自然发展的历程，企业往往在进入第二阶段中后期甚至迈向第三阶段时，才会开始构思战略规划和思考知识产权如何为企业运营提供助力。然而，企业是否必须按部就班地经历整个过程呢？答案显然是否定的。接下来，我们将从"先管理"的视角进行探讨。

谈及"先管理",其核心在于从企业的实际需求出发。这意味着,在启动企业知识产权管理工作之前,首要考虑的问题不再是"知识产权是什么",而是"知识产权能为企业带来何种价值"。实际上,在本书的第 1 章,我们已通过菲尔普斯在 IBM 和微软公司的管理实例,对比分析了如何为企业找寻知识产权管理的核心价值诉求。对于科创型企业,通过知识产权赚钱、防御风险、提高市场竞争门槛都可以成为企业的知识产权价值需求。

在信息通信领域,高通公司(Qualcomm)是一家典型的基于知识产权打造自身商业模式获取巨额收益的公司。高通成立于 1985 年,通过持续的技术创新和研发投入,从第二代到第五代移动通信技术,向国际标准化组织披露的标准必要专利超过 8 万件,而这些专利技术成为其商业模式的基石。高通利用知识产权授权为芯片销售提供技术基础和法律保障,通过芯片销售验证其专利技术的商业价值。随着芯片销量的增加,高通的技术影响力不断扩大,这为其在知识产权授权市场赢得更多话语权和议价能力。高通的知识产权授权与芯片销售相互依存、相互促进,二者共同构建了高通的商业生态系统。2000~2021 年,高通的技术许可总收入达 924 亿美元,超出其成立以来总研发投入的近 30%。

再如,知识产权管理可以协助企业降低经营风险,获取经营自由。从第 1 章的案例不难看出,缺少知识产权保驾护航的"裸奔"可能是企业不可承受之重,非但不能排除竞争者,还可能被竞争者挤出市场,从而失去对自身技术命运的掌控。特别是在信息通信等专利密集型产业,专利问题对于产品上市和出口至关重要,智能终端产业尤其如此。想想华为因何认为一年 3 亿美元的专利许可费划算,不正是因为保证了其当时 400 亿美元全球市场的经营自由?

因此，尽管实践中有很多企业走过了先"知识产权"的历程，但尽早启动或者切换到"管理"思维，才是企业构建知识产权管理体系的正确打开方式。

企业对知识产权管理的价值期许

朱莉·L.戴维斯（Julie L.Davis）与苏珊娜·S.哈里森（Suzanne S.Harrison）在 2001 年合著的《董事会里的爱迪生》（*Edison in the Boardroom*）一书中，把企业知识产权管理分为五个层级：防御、成本控制、创造利润、管理整合和远见。10 年后，哈里森与帕特里克·H.沙利文（Patrick H.Sullivan）在修订该书时，将这五个层级更新为：防御布局、管理成本、获取价值、整合机会和塑造未来。无论是第 1 版还是第 2 版，每个层级均代表了企业对知识产权管理的价值期许，如图 2-2 所示。

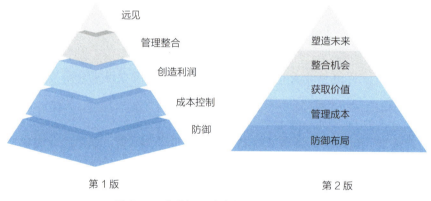

图 2-2　企业知识产权管理的五个层级

价值阶梯的第一层级为"防御布局"。处在此层级的企业，将知识产权视作法律屏障，以保障产品制造、销售等经营活动，并尽可能规避知识产权诉讼风险。惠普前首席知识产权律师史蒂夫·福克斯（Steve

Fox）曾言："一项专利权中的一个权利要求，便足以令公司停摆！"为防御风险，这些企业会建立完善的知识产权获取与维持流程，确保拥有一定数量的知识产权，特别是专利权，避免自己的产品在市场上"裸奔"。同时，遭遇侵权纠纷时，他们会迅速启动应对程序。

价值阶梯的第二层级是"管理成本"。处于此层级的企业，虽仍将知识产权视为法律资产，但已认知其商业价值，开始从投资角度审视知识产权的成本与回报。因此，管理重点在于"降本增效"。为了控制成本，企业会建立知识产权获取的筛选机制。以专利为例，建立专利提案评价机制，筛选授权前景更好、更能满足企业发展需要的方案申请专利。以一家我们服务了15年的客户为例，通过建立专利提案评价机制，累计筛除了几万项不符合该公司专利质量管控标准的专利提案，节约的专利申请费用早已过亿元。

同样，在存量知识产权的维持管理方面，也需建立评价机制，及时处置技术路线已淘汰、与主营业务无关或低价值的专利资产，在降低维护成本的同时，优化存量专利资产的结构。在此层级，企业更加注重知识产权与业务、产品的关联性，并考虑通过外部购买等方式来丰富知识产权组合。

价值阶梯的第三层级是"获取价值"。处于第三层级的企业认识到知识产权既是法律资产，更是商业资产。相较于第一、第二层级的企业，该层级的企业更关注知识产权的商业运用，通过商业机会发现与审视，决定能否以及如何利用知识产权将机会转化为收益。菲尔普斯所设计的"全世界利润最高的项目"，正是基于知识产权许可为IBM赚取的巨额许可收入。

处于第三层级的企业将知识产权管理活动从风险防范的法律层面

切换到价值驱动的商业领域,明确期望依赖知识产权获取的价值类型,制定价值获取策略,并基于此调整知识产权管理的组织架构,构建以价值创造为导向的评价规则。也正是基于这样的工作定位,不少这一层级的企业设立了首席知识产权官,全面管理企业的知识产权组合,以实现商业价值的最大化。

价值阶梯的第四层级是"整合机会"。处于第四层级的企业能够从战略的高度认识知识产权,将知识产权视为可通过多种方式灵活运用的商业资产。企业既可以将知识产权作为竞争工具巩固市场地位,也可以将其作为公司商业模式的有机组成部分,甚或作为公司市值管理的工具。企业知识产权管理部门的核心职能是将知识产权作为智慧资源,与公司其他资源整合利用,服务于公司的经营战略。

相较而言,第一至第三层级的企业主要采用的是诉讼、许可等相对常规的知识产权保护与运用方式。第四层级的企业更富创造力,开始利用知识产权驱动企业变革。例如,以知识产权为纽带打造新的创新生态、利用知识产权构筑并推行新的商业模式等。事实上,刚提及的菲尔普斯加入微软后,利用知识产权重塑微软的产业生态正是他依据不同企业的价值诉求不断攀升知识产权价值阶梯的实例。

价值阶梯的第五层级是"塑造未来"。在前四个层级的基础上,第五层级的企业关注如何运用知识产权塑造企业的未来,其知识产权管理目标包括如何从知识产权这类商业资产中获利,如何通过持续强化知识产权组合应对变化的商业与技术环境,如何明晰并影响可期冀的未来。

飞利浦的知识产权和标准部门每年都会与管理委员会共同审视公司的整体及各业务单元的知识产权战略。在审视中,他们会深入探讨未来五年的规划及更长远的发展。针对每项业务，他们会详尽分析市场环境的变化、竞争对手状况、市场容量及发展趋势，同时评估公司的业务发展目标、技术实力、产品竞争力和知识产权地位。基于这些分析，讨论知识产权如何为业务发展提供支撑，以实现公司的整体价值。之后，他们会确定所需知识产权实力与现实的差距，若内部知识产权无法满足需求，则通过并购等方式完成业务的战略拼图。

从第一层级至第五层级，低层级为高层级奠定基础，特别是高质量的专利资产积累、团队建设都需要时间沉淀。然而，这个知识产权管理金字塔并非必须逐层递进。在较低层级稳固知识产权组合、管理团队及培养创新文化后，完全有可能实现跨层发展。无论企业处于哪一层级，最关键的始终是根据经营发展需求确定知识产权应创造的价值。

明确企业所需知识产权带来的价值后，如何通过有效的管理活动实现这些价值，则是知识产权管理面临的又一现实挑战。

建立知识产权管理与企业战略的联系

在第 1 章中，我们提到，自 2005 年开始，约 80% 的公司市值由无形资产决定。为持续创造价值，企业必须充分利用这些资产。但与有形资产不同，无形资产创造价值往往是间接的。除了知识产权转让和许可等能带来直接收益的方式外，它们大多不直接影响财务结果。以知识产权为例，其价值通常不体现在资产负债表上，这也是少有 CEO 关注知识产权的重要原因。

在咨询实践中，常常看到很多科创型企业的知识产权目标是专利申请和授权的数量及增长率，忽视了与企业经营尤其是中长期战略目标的对齐。这导致知识产权工作始终停留在事务性层面，难以真正进入高管的视线。分析造成这种脱节的原因，主要存在两大障碍——认知和行动。认知方面，高管们未能充分认识到知识产权作为企业核心资产和战略工具的重要性，同时知识产权团队也缺乏对企业战略环境及战略重点的理解与关注。在行动上，企业未能将知识产权工作与战略相结合，例如专利布局与公司战略缺乏有效衔接。

从知识产权管理的价值阶梯视角看，各企业处于不同价值层级。若欲攀升至更高层级，企业需首先明确经营发展对知识产权价值的需求，然后精准定位知识产权战略方向，并通过战略解码将战略与日常工作紧密结合。在找寻与解码战略方向时，可运用多种管理工具，例如著名战略大师迈克尔·波特（Michael Porter）的竞争力模型。

1979年，迈克尔·波特在《哈佛商业评论》发表了经典的五力模型，如图2-3所示，其揭示了影响产业竞争结构的五种关键力量：与供应商的议价能力，与买方的议价能力、现有竞争者之间的竞争、来自替

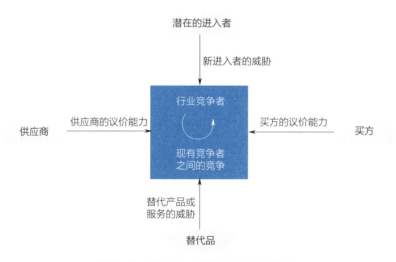

图2-3　迈克尔·波特的竞争力模型

第 2 章 管理架构：经营与创新战略解码是关键

代产品的威胁和来自新进入者的威胁。企业通过此模型，可深入剖析产业竞争力的核心要素与结构特征，从而识别自身的优劣势，明确行业定位，并找出能带来最大回报的战略调整方向。

那么，竞争力模型如何应用于知识产权管理？

多年前，我遇到了一位在知名终端公司任职知识产权总监的好友，他已在此岗位耕耘五年。问及他的工作感受，他坦言："手机行业的专利纷争异常激烈。这几年来，我专注做一件事，即确保我们面对任何同行的诉讼时都能以至少五项专利进行反诉。"这是基于对手机行业竞争态势的深刻洞察，用专利布局的手段切实提升企业竞争力的实例，而这样的布局仅靠围绕企业自身创新成果申请专利是绝对无法做到的。

再如，对于采用委托开发和生产方式的企业，降低技术向第三方外泄的风险、强化供应链的安全性是公司经营的现实需求。为此，知识产权部门针对供应商开展知识产权风险管控，将能够实现知识产权工作对公司重大经营的有效支撑。

又如，对于与合作伙伴共同研发的技术，或供应商或下游厂商可能采用的技术，申请专利需明确权利要求针对的对象，用以提升与供应商或下游厂商的议价能力。如果把专利工作做到如此颗粒度，可谓通过专利布局切实提升了企业的竞争力，因其核心在于准确定位知识产权的作用环节和作用对象。

罗伯特·S.卡普兰（Robert S. Kaplan）与戴维·P.诺顿（David P. Norton）提出的战略地图是知识产权管理咨询中另一个常用的工具，它对于连接知识产权工作和组织战略非常有效。通用的战略地图基于平衡积分卡的四层模型，通过提供统一的战略描述方法，建立了战略制定与执行之间的关系，是一个展示组织战略要素之间因果关系的可视化工具，如图2-4所示。其核心思想是直观显示企业如何利用无形资产（学习与成长层面），最大化其战略优势和效率（内部流程层面），进而将公司的特色和价值传递给市场（客户层面），最终实现股东的目标（财务层面）。

差异化的价值主张构成了战略的基础。沃尔玛、麦当劳、戴尔等行业佼佼者，以最优购物体验或最低总成本为客户创造价值。而苹果、英伟达、特斯拉等公司则将产品创新和行业引领作为其价值主张。

以产品领先战略为例。实施该战略的企业通常是行业的创新引领者，其目标是用高品质的产品赚取高于行业平均水平的利润。这种领先可以体现在产品的独特设计、性能的显著优势，或包含被客户看重的功能特征等。这些企业的产品往往先于竞争对手上市，成为行业产品创新的风向标。

为了支撑企业持续保持行业领先地位，知识产权方面至少应考虑以下问题：

- 所属行业的领导者应当具备什么样的知识产权实力和优势？
- 知识产权如何助力拉开与竞争对手的差距，提高潜在进入者的门槛？
- 如何利用知识产权配合公司商业模式的推行？
- 知识产权如何服务于从创意到产品上市的创新全流程？
- 如何兼顾前瞻研究与现有产品的专利布局？
- 是否需要以及如何影响知识产权相关政策法规的制定？

A公司作为轨道交通行业某关键系统的提供商，其董事长高度重视知识产权工作，在递交上市申请后，公司迅速启动了用于上市后经

第 2 章　管理架构：经营与创新战略解码是关键

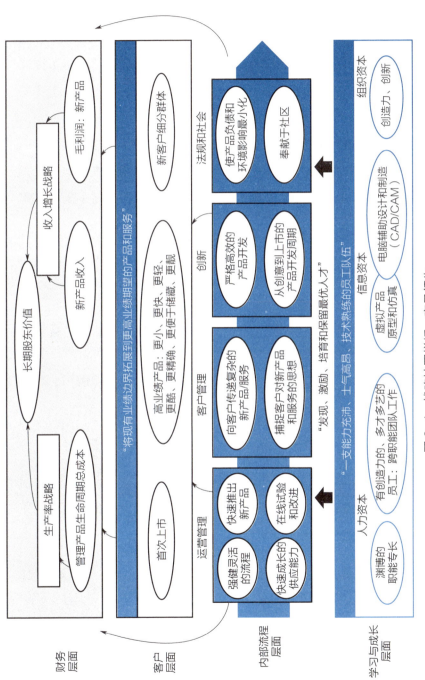

图 2-4　战略地图样板：产品领先

营发展的知识产权战略规划与实施项目。接受 A 公司的邀请后,我带领项目组深入访谈了公司高管与核心经营层,包括董事长、CEO、副总裁们、研究院院长、事业部总经理以及知识产权团队,分析了该公司所处行业的国内外市场竞争格局、技术发展路线、专利竞争态势及公司自身的知识产权现状,提炼出公司对知识产权的核心价值主张是"如何支撑公司在该关键系统领域实现从'自主'到'引领'的转变,成为行业领跑者"。这一价值主张可视为公司高管团队在知识产权方面所达成的战略共识。在此基础上,我们协助 A 公司制定了未来三年的知识产权战略目标。

图 2-5 展示了我们用战略地图梳理的 A 公司的知识产权战略目标定位。

针对战略目标,战略解码的下一步是明确战略重点。经过多次讨论,我们与公司知识产权团队共同确定了未来三年知识产权的战略重点——建立并持续强化知识产权优势,助推行业"领跑",具体包括:

• 强化产品布局优势:围绕公司"主航道"开展专利量质提升及结构优化工作,持续积累与产品、业务强相关的高价值专利组合。

• 建立前瞻布局优势:基于行业标准及智慧轨道交通的前瞻研究开展专利布局,提升公司行业影响力。

• 打造管理体系优势:基于公司核心管理模型,与创新体系协同,打造精细化的知识产权管理体系,形成持续发展长效机制。

• 形成管理人才优势:加强高管和研发人员知识产权意识,打造轨道交通行业一流的知识产权管理团队。

第 2 章　管理架构：经营与创新战略解码是关键

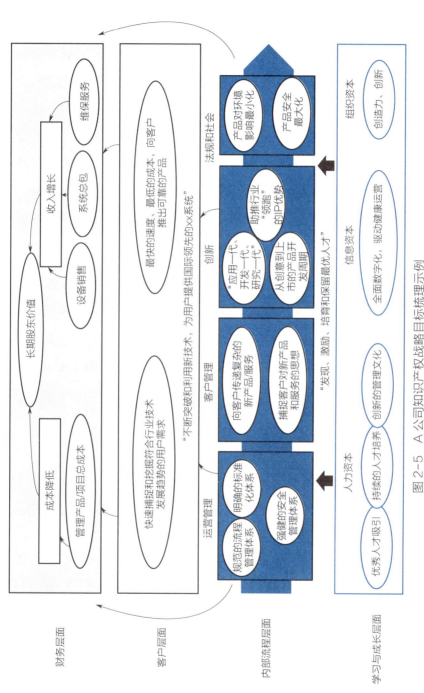

图 2-5　A 公司知识产权战略目标梳理示例

10多年前，多地知识产权行政主管部门资助当地企业制定知识产权战略。若把企业名字抹去，这些战略报告大多无法辨析主体，究其原因，在于通用性太强，缺乏针对性。因此，从一开始便注定会被束之高阁。战略不是为战略而战略，最具含金量的部分可能只是一张图或者一页纸，但能指导企业未来3~5年知识产权工作的发展。它需要在深入剖析企业内外部环境、经营与创新战略以及知识产权现状的基础上，明确企业中长期的知识产权发展方向、目标定位、目标分解、重点任务、实施路径以及所需资源，这些都是企业在开展知识产权管理工作之前必须厘清的核心问题。

知识产权行业的人大多勤奋，却常常被战术的勤奋掩盖了战略的懒惰。找寻企业所需知识产权实现的价值主张，用商业化思维开展知识产权战略思考并对战略进行解码的过程，对于处于不同价值阶梯的企业都十分必要，这是改变知识产权战略与日常管理工作"两张皮"现象的关键，也是企业知识产权管理体系构建的魂魄所在。

将知识产权管理变成"一把手"工程

施乐的帕洛阿尔托研究中心（Palo Alto Research Center，PARC）成立于1970年，是施乐公司最重要的研究机构，其创造性的研发成果包括个人电脑、激光打印机、鼠标、以太网等。以个人电脑为例，1973年，该中心成功开发出配备了键盘、鼠标和显示器的Xerox Alto——一台真正意义上的个人电脑，它开创性地采用了许多奠定当今个人计算机地位的基础技术，例如图形界面、以太网等。但施乐并没有意识到，这是一个将改变人类历史的产品。乔布斯在参观完Xerox Alto图形界面和鼠标应用的演示后非常震惊，将该项目的核心技术人才挖到苹果，成就了后来苹果的Macintosh项目，也开启了苹果和乔布斯的传奇故事。

比尔·盖茨曾经如此评价这个研究中心的工作:"他们对研究工作的投入很大,但是他们没有很好地管理知识产权。因此,我认为这对于 CEO 们来说是一个教训。在许多公司,只有法律部门才参与有关知识产权的问题。但在微软则不是这样,因为知识产权是我们寻找自我、开展工作的中心。"

在当今复杂的创新环境中,知识产权成为公司最有价值的投入以及建立合作关系的战略工具,知识产权的领导工作变得极为复杂。因知识产权要支撑企业整体的经营战略,对知识产权的管理必须始于最高级别的行政领导,并逐步扩散和融合到企业各个业务部门和功能单元中。这也是企业知识产权管理的国家标准和国际标准共同对最高管理者在知识产权方面的领导作用做出要求的原因。那么,企业的最高管理者需要做些什么? 我们看看标准是如何规定的。

GB/T 29490—2013《企业知识产权管理规范》国家标准第 5.1 条提出:最高管理者是企业知识产权管理的第一责任人,应通过以下活动实现知识产权管理体系的有效性:①制定知识产权方针;②制定知识产权目标;③明确知识产权管理职责和权限,确保有效沟通;④确保资源的配备;⑤组织管理评审。

ISO 56005《创新管理 知识产权管理工具与方法 指南》国际标准第 4.3.1 条提出:最高管理者应确保相关岗位的职责和权利在组织内得到分配和沟通。最高管理者应通过以下方式表明其在知识产权管理方面的领导作用和承诺:①确保知识产权方针和目标的建立;②确保建立和实施与创新战略一致的知识产权战略;③确保将知识产权管理活动嵌入创新过程;④确保知识产权管理所需的资源和能力;⑤委任适当的人选管理知识产权;⑥向组织传递有效知识产权管理的重要性等。

结合上述国家标准和国际标准中的规定，可以看到，最高管理者在知识产权管理方面的领导职能和作用主要体现在三个方面：

- 战略层面的介入，需要组织制定、实施与企业经营和创新战略一致的知识产权战略，并确保知识产权方针、目标与战略的匹配性。

- 确保知识产权管理所需的资源，包括人力、财务等各方面的资源。

- 文化方面，通过不同沟通方式向企业传递有效知识产权管理的重要性。

履行这三方面职责的前提条件是最高管理者能够树立对知识产权的正确认知，意识到知识产权对于企业，尤其是创新型企业的核心资产价值，将知识产权纳入自身的管理视线范围，将其作为自身的战略工具之一。

2002年，时任日本经济产业省知识产权政策室主任小宫义则负责日本国家知识产权战略决策前调研，他在回忆日本知识产权战略决策过程的文章中写道："调查中发现，知识产权做得好的企业，几乎全部是知识产权部门办公室离老板的办公室很近的企业"。

无独有偶，多年前，在一次行业论坛上，我有幸与一家打印耗材企业的董事长相邻而坐。当谈及对知识产权的理解时，他分享了因美国"337"调查所带来的深刻领悟：一项专利的侵权指控真可能让公司陷入绝境。自那以后，他果断将知识产权部门迁至他的同一楼层，以方便管理。

在许多企业中，战略往往只存在于董事长和CEO的脑海中，高管们之间的战略交流也仅限于面对面的会议，然而这些战略思想并未被清晰地传达到下面各层级。在这样的环境下，如果企业没有指派高管直接负责知识产权工作，或者知识产权管理人员没有获得与高管直接交流的机会，那么所谓的知识产权战略与企业整体经营战略保持一致，就只会是一句空洞的口号。

在国家标准《企业知识产权管理规范》贯彻实施的过程中，我们看到很多企业提出了类似"激励创造、有效运用、依法保护、科学管理"等放之四海而皆准的口号式方针。试问，这样的方针如何能够指引知识产权工作支撑企业实现战略目标？

除了对战略层面的精准把控，企业最高领导者的第二项至关重要的职责便是"调配资源"。在知识产权领域有句戏言："知识产权工作，拼的是'两多一长'——人多、钱多、命长。"这并非空穴来风，任何知识产权战略的实施，都离不开充足的人力和财力支持。想象一下，每年上百件专利由一个人兼职管理，与组建一个 3~5 人的专业知识产权团队管理，两者在管理的精细度与效果上自然有着天壤之别。

全球顶尖的创新型企业，无一不拥有一支顶级专业的知识产权管理团队。即便是在经济不景气、企业裁员时，这些公司也几乎不会触动知识产权团队。在知识产权工作表现比较突出的、年营业额达十亿级规模的国内创新型企业中，当每年专利申请量为 200~400 件时，这些企业通常会配备 10~15 人的知识产权团队，以及每年 400 万 ~500 万元的知识产权经费。这样的投入与配置，无疑为企业的知识产权工作提供了坚实的保障。

在文化建设层面，企业文化不仅是一套解决企业内外部共生问题的哲学，更是企业发展的灵魂。领导者则是推行企业文化的核心驱动力。每当我们提及那些知名企业，例如苹果、微软、华为、小米等，自然而然会联想到它们的领导者——乔布斯、盖茨、任正非、雷军等。这些企业家的言行举止，无不在向企业内外传递着对创新与知识产权的尊崇。正如任正非所言："资源是会枯竭的，唯有文化才会生生不息"。

在参与制定国际与国家标准的过程中，我也发现一个显著的差异点就在于国内外知识产权专家对企业文化的重视程度。来自美国和欧洲的知识产权专家着重强调，在标准中应加大对知识产权文化建设的引导力度。他们主张明确告知企业应鼓励哪些行为、禁止哪些行为，并阐明被禁止的行为将给企业带来的潜在不良后果。当企业员工遇到知识产权相关问题且没有明确的制度指导时，企业所倡导的知识产权文化将潜移默化地指引员工妥善应对。因此，作为企业的最高管理者，应通过正式和非正式渠道积极向员工传达并践行公司所倡导的知识产权文化。

建立系统化的知识产权管理体系

从工作模块的角度出发，企业的知识产权管理可划分为三层：最上面是战略层，主要涉及战略制定、目标分解与任务下达、监控与评估、战略调整等工作；中间层为实施层，包括自有知识产权的创造、运用、保护和管理等基础活动，基础活动通常以产品或创新项目为载体，贯穿到企业的产品设计、研发、销售或项目管理全过程；最底层是支撑层，主要涉及开展知识产权工作所需的各类资源，包括人力资源管理、财务管理、信息化管理、外部资源管理等，如图 2-6 所示。

第 2 章 管理架构：经营与创新战略解码是关键

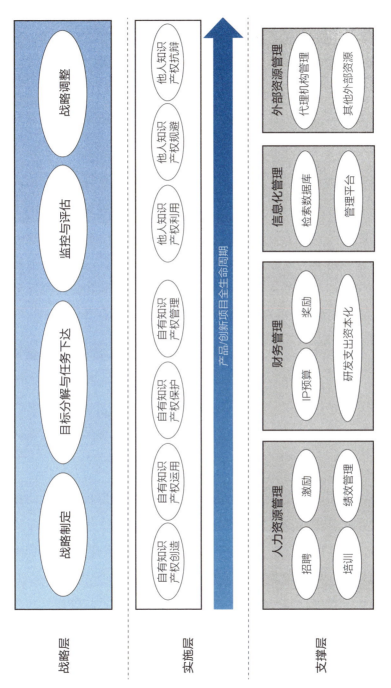

图 2-6 企业知识产权管理的基础框架

2012年，在讨论知识产权领域的首个国家标准——《企业知识产权管理规范》的基本框架时，起草组正是采用了上述三层模型，标准第5章"管理职责"重点讲述的是战略层的核心内容；第6章"资源管理"对应支撑层所涉及的基础资源；第7章和第8章对应中间实施层的基础活动及其实施运行。整个标准规定的知识产权管理体系，其背后的逻辑正是层次化的管理框架。

需要注意的是，不同企业应根据自身的战略重点设定各层面的工作模块及其子模块，也就是说，各企业知识产权管理具体涉及的工作模块及子模块应当是差异化的。同时，必须确保各个层次之间紧密相连，战略规划层应主导实施运行和支撑保障两个层面的模块设置，战略规划的方向与目标必须贯穿到实施运行层面的相关模块中。支撑保障层也需全力提供实施运行所需的各类资源，以确保整体工作的顺畅进行。

以上文提到的 A 公司为例，其战略重点是"建立并持续强化知识产权优势，助推行业领跑"，具体包括：围绕公司"主航道"开展专利量质提升及结构优化，基于行业标准与智慧轨道交通的前瞻研究开展专利布局，与创新体系协同打造精细化的专利管理体系，打造轨道交通行业一流的知识产权管理团队。

围绕达成共识的战略重点，我们与 A 公司知识产权团队共同梳理了十大重点工作模块。其中，M1 国内专利布局、M2 海外专利布局和 M5 创新过程 IP 管理模块主要用于强化产品专利布局优势；M3 标准专利布局模块侧重建立前瞻布局优势；M5 创新过程 IP 管理和 M6 IP 风险管控模块重点为打通与创新体系的关系，将知识产权管理活动嵌入产品创新过程；M8 组织与人才建设模块服务于形成人才管理优势。所有工作模块都在致力于提升知识产权管理水平，打造精细化的知识产权管理体系，形成可持续发展的长效机制，如图 2-7 所示。

第 2 章 管理架构：经营与创新战略解码是关键

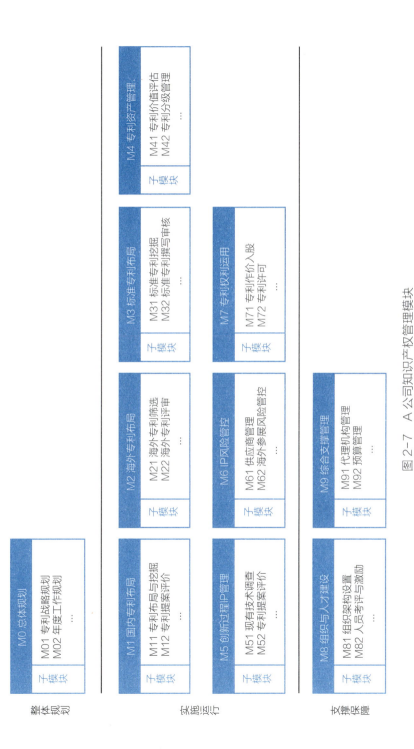

图 2-7 A 公司知识产权管理模块

确定知识产权管理模块后,需要进一步明确各模块的工作目标、工作输出、工作标准、流程方法、关键能力和评价指标等内容。以 M0 总体规划模块为例,其工作目标如下:

- 明确公司专利工作中长期发展方向和目标,制定中期发展规划。
- 明确支撑中长期发展的年度工作目标和计划。
- 通过定期评价与持续改进,实现专利规划的闭环管理。

对应上述工作目标,M0 模块的工作输出为专利工作三年规划、年度工作目标与计划。

为完成 M0 模块的工作内容,团队所需具备的关键能力包括:

- 产业及知识产权环境分析能力。
- 行业专利态势分析能力。
- 知识产权管理现状诊断能力。
- 公司经营及创新战略分析能力。
- 专利战略规划能力。

在评价工作有效性方面,可以设置的评价指标包括:

- 专利战略规划对公司经营、创新战略的支撑度。
- 专利战略规划的可行性。
- 中长期目标与年度目标的关联性。
- 中长期目标和年度目标达成情况。
- 专利战略规划的定期更新及闭环管理。

在明晰各工作模块的目标、任务、输出后,进一步考虑体系的实施路径,包括组织架构、人员配置、预算规划等。

以组织架构为例。企业知识产权部门的组织架构设置灵活多样。例如，可以在研发部门下设立专门的知识产权部门，或者在法务部门内部组建知识产权组，或是成立独立的知识产权部门。从组织结构的角度来看，既有简单明了的直线型架构，也有根据知识产权的不同职能细致划分的架构，例如专利科、商标科等。此外，还有矩阵型架构，这种架构既考虑到了不同的知识产权权利形态，又兼顾了企业的各个业务单元，例如不同的产品线。组织架构的设置应以高效实现战略目标为首要考虑，同时，它也从一个侧面反映了企业高层对知识产权的深刻理解和重视程度。例如，在创新型企业中，若知识产权由分管技术的副总裁直接管理，则表明在这些企业的高层管理者眼中，知识产权的核心价值在于保护公司的技术创新成果。

从企业的知识产权人员配置来看，主要包括三方面的人员，一是知识产权部门的人员，包括流程管理人员、专利申请撰写或审核人员、检索分析人员、纠纷处理人员、转让/许可人员等；二是业务部门的专利工程师，主要负责所在部门或产品线的专利检索分析、专利挖掘等工作；三是企业知识产权方面的合作伙伴，例如专利代理事务所、咨询服务机构、律师事务所等。这些合作伙伴作为企业的智慧外脑，从机构选择到具体服务人员的聘用，都对企业知识产权工作的整体效果产生实质影响。

随着知识产权工作的不断推进，整个知识产权部门的人员配置会发生显著的变化，这种变化直观地反映了知识产权在企业中的地位和价值逐渐得到认可。起初，可能只有一个人包揽所有工作，但随着时间的推移，可能会有多人共同负责同一项任务。在某次沙龙活动中，富士康前法务长周延鹏先生分享了他的经历：在公司知识产权部门刚成立时，他作为唯一的成员，白天忙于应对各种事务，而到了晚上，当其他人都下班后，他则独自在 Excel 中手动录入富士康的专利信息。听到这段分享，我深有共鸣，号称"知识产权界黄埔军校"的富士康知识产权部在创设时居然也是这般过程，瞬间觉得近 20 年前自己在电子表格中手动输入专利号、专利名称的回忆还挺美好。

总体而言，为了让企业知识产权管理真正助力企业经营发展，在构建知识产权管理体系时，我们需特别注重以商业思维为基础的"管理"视角，超越知识产权本身，更全面地认识、管理和运用知识产权。

首先，企业的知识产权战略应当是其经营战略的有机组成部分，应当能够有效支撑企业的中长期发展。企业知识产权战略绝不是被束之高阁的报告，而应该是切实指导企业知识产权工作何去何从的纲领性文件。缺乏对企业所属行业、所处产业链位置及竞争格局、企业经营发展方向及发展阶段、企业文化等方面的深入理解，企业知识产权战略无从谈起。客观分析企业当前所处的内外部环境以及知识产权状况，并精准地把握企业中长期发展目标对知识产权工作的新要求，是知识产权战略的核心所在。而要实现这一战略，关键在于缩小新要求与现状之间的差距，这便是知识产权战略的实施过程。

其次，企业知识产权的日常管理不只是事务性工作，更是知识产权战略的落地实施环节，这同样需要运用商业思维。以知识产权创造为例，专利申请的策略会因不同的知识产权战略而异，进而影响专利的产出方式和质量标准。例如，苹果等终端企业在专利活跃领域，希望通过全面申请专利来保护其技术创新，构筑对竞争对手的专利壁垒。而对于国内后进的终端企业，随着技术创新能力的提升，在专利产出上更注重积累交叉许可谈判的筹码。

最后，企业高管对知识产权的重视程度以及知识产权管理者的商业思维至关重要。高管应将知识产权视为企业的宝贵智慧资源，并将其纳入企业整体资源规划之中。知识产权管理者则需从企业经营战略的角度出发，审视和管理知识产权。同时，他们还应积极补充战略管理、产业经济、财务、税务等领域的知识，以完善自身知识结构，从而能够从资产运营的角度真正有效地管理知识产权。例如，深入理解知识产权的创造和交易如何影响企业的资产、利润和税收，在财务报表中如何体现，以及如何通过合理的交易安排实现企业利益最大化，这些都是目前知识产权管理者亟需提升的能力。

知识产权与创新的融合管理

2019 年 7 月，ISO 正式发布了 ISO 56002《创新管理 创新管理体系 指南》国际标准。在这一标准中提出五大创新过程，指出创新可以始于任何一个过程，且创新过程之间是非线性的，这与国内常见的可行性研究、立项、研发、成果转化的线性科技项目管理过程存在显著差异。这些创新过程既可独立执行，也可嵌入企业其他运营流程；既可在企业内部实施，也可与外部组织如协作创新平台、创新集群、生态系统合作伙伴等联合实施。

为了系统指导全球创新组织有效管理知识产权，中国在 2016 年 11 月提出了创新管理中的知识产权管理的国际标准提案。该标准通过创新管理与知识产权的深度融合，将知识产权管理活动嵌入创新过程，围绕五大创新过程明确知识产权管理的目标、方法和路径等。2020 年 10 月，该国际标准以零反对票获得各成员国一致通过，并于次月正式发布。

据国际标准化组织（ISO）预测，鉴于创新管理对全球企业的重要性，创新管理系列标准将成为继 ISO 9000 质量管理、ISO 14000 环境管理系列标准之后的下一个爆点。由于知识产权在创新中起到的产权界定、成果保护及资源配置等核心作用，ISO 56005 标准在起草阶段就备受瞩目，成为除创新管理体系标准外最受关注的标准。

在 ISO 56005 国际标准发布前，国内外已有知识产权管理标准的适用对象主要是知识产权人员，标准的框架设计和内容编制均采用知识产权战略、创造、保护、运用等知识产权人员熟稔的套路。这导致创新管理人员、研发人员等非专业人士难以理解并运用这些标准来指导创新活动的知识产权管理。

而 ISO 56005 国际标准在制定之初就明确面向创新者，受众范围远超知识产权人员。该标准打破传统知识产权思维，以创新过程为主线设计整体内容，将知识产权管理融入"识别机会""创建概念""验证概念""研发解决方案""部署解决方案"五大创新过程，明确每个创新过程中知识产权管理活动的目标、输入、方法和输出，方便创新者"按图索骥"。

下面基于 ISO 56005 国际标准的主要内容，具体介绍如何将知识产权管理融入企业的创新过程。

1. 识别机会过程

识别机会，即运用市场扫描、标杆管理、战略情报及用户场景分析等工具，探寻企业可挖掘的潜在价值和影响力，从而对创新机会进行识别、定义和排序的过程。

专利文献作为技术信息最有效的载体，堪称强大的创新工具。它覆盖了全球 90% 以上的最新技术情报，比一般技术刊物提前 5~6 年披露信息。更重要的是，70%~80% 的发明创造仅通过专利文献公开，而非其他科技文献。相较于其他文献，专利更具新颖性和实用性。如今，全球专利数据库已收录 1790 年至今 170 多个国家和地区的超过 1.8 亿件专利。

专利检索分析能够帮助创新者洞悉技术发展全局，把握全球专利态势，研判核心技术演进方向、研发热点和空白点、新进入者集中的热点方向、潜在专利壁垒等，及早发现技术或市场趋势，发掘未被知识产权覆盖的创新机会，识别潜在竞争对手及其活动，寻求潜在合作机会及合作伙伴。正如广达电脑集团董事长林百里所言："我们不做西门子、飞利浦、IBM，但根据客户的专利，我能知道客户需要什么"。

在这一创新过程中，创新者还应盘点自身已有的技术和知识产权，辨析技术优势，结合外部知识产权分析，形成对创新行动相关现有技术和知识产权的理解，从知识产权视角提出潜在创新机会建议。

我们来看看日本富士成功转型的故事。

2000 年起，数码相机迅速侵占传统市场，导致彩色胶卷市场急剧萎缩，年降幅达 20%~30%。为应对数码浪潮，富士胶片于 2004 年调整策略，旨在"挽救衰落的富士，实现销售额 2 万亿~3 万亿日元，继续保持国际领军企业的地位"。凭借核心技术及市场洞察，富士推出"四象限战略"：用现有技术巩固现有市场、开发新技术用于现有市场、将现有技术推向新市场、探索新技术以拓展新市场。

富士对现有技术的梳理为其发掘新机遇提供了重要线索。传统摄影胶片以胶原蛋白为主要成分，富士因此积累了深厚的胶原蛋白应用知识。胶片由多层超薄结构组成，为精确调配其内部成分，富士研发出尖端纳米技术。为了防止紫外线引发的氧化褪色，富士不仅对抗氧化成分有深入研究，还开发出防紫外线技术。为了优化照片的光影效果，富士持续深化光分析与控制技术的研发。同时，这些核心技术的研发也为富士构建了坚实的专利组合。例如，在纳米技术方面，富士在 2005 年底已拥有 126 件相关专利。

富士采用"四象限战略"，将技术强项应用到光学元件、生物医药、护肤品及高性能材料等领域。以护肤品为例，护肤品与胶片看似完全不搭界，但实际上，肌肤的主要成分也是胶原蛋白，这与传统摄影胶片的主要成分相同。同时，护肤品行业面临的技术难点，如有效成分的易沉淀和难吸收问题，以及热点功效如抗氧化、抗衰老、防日晒等，都与富士在胶片领域所积累的技术和经验高度相关。基于这些共通点，富士于 2007 年成功利用其在胶片领域积累的核心技术，推出了艾诗缇品牌的护肤品。

2. 创建与验证概念过程

创建概念，是在创新初期形成可验证且有价值雏形的想法并对其新颖性和风险进行初步评估的过程。在这一过程中，创新者需整合内外资源，运用创造性思维，催生新概念及可能的解决方案。形成概念后，通常会采用测试、试验等方式验证概念的可行性，根据获得的反馈和经验不断优化概念，并继续处理待解决的问题，以降低技术、法律、市场营销、上市时间、财务等方面的不确定性。在某些企业中，验证概念和创建概念可能是合一的过程。

在创建概念阶段，通过查阅企业内部知识产权记录，获取概念相关的现有知识产权。这一阶段的知识产权检索分析可协助创新者从具有开发潜质的创意或潜在方案中提炼概念，识别潜在合作伙伴或被许可方，评估相关风险和机会，从知识产权的角度筛选最可行的概念，及时评估知识产权保护机会，适时进行申请或注册。

在验证概念阶段，知识产权分析有助于评估已创建的概念在知识产权方面的可行性，通过知识产权分析、与潜在合作者及许可方协商、自有知识产权布局、商业秘密管理、防御性公开等手段，将概念相关知识产权风险降至可管控或可接受的程度。

井上大佑提出的卡拉 OK 设想及其在酒吧率先部署的原型机，是创建并验证概念的一个典范。在创建和验证概念阶段，针对新产品概念申请的高质量专利，往往能够成为这一产品市场的基础专利，在阻击或延缓竞争对手进场、开展专利技术许可或合作等方面均能发挥重要作用，价值非常之高。

以朗科的 U 盘技术为例。

自 20 世纪 80 年代起，个人计算机技术突飞猛进，然而数据在不同电脑间的传输却受限于光盘刻录和软盘拷贝的缓慢速度。常用的 3.5 英寸软盘容量仅 1.44M，连一张高清照片或稍复杂的办公文件都难以存储。20 世纪 90 年代，虽有大容量 ZIP 盘、可移动光盘 MO 等新型存储设备问世，其容量和可靠性均优于软盘，但仍存在体积大、不便携、依赖驱动器和外接电源以及价格高昂等弊端。

湖南人邓国顺和成晓华创新性地提出了移动存储产品概念：大容量、即插即用的高速数据存储产品，也就是后来广为人知的 U 盘。它运用闪存介质，并采纳了英特尔、微软、康柏等公司推出的 USB 接口和即插即用技术，为用户提供了一种轻便、易用、可靠且大容量的高速数据存储解决方案。

1999 年 10 月，邓国顺和成晓华携研制样品亮相中国国际高新技术成果交易会，成为全场焦点。U 盘以其创新性和实用性，预示着软盘的终结，开启了全球移动存储行业的革新。同年 11 月 14 日，鉴于产品备受瞩目，他们迅速递交了专利申请，该专利名为"用于数据处理系统的快闪电子式外储存方法及装置"，并于2002年获得国家知识产权局授权。由于产品的独特性和首创性，他们在全球范围内看到了巨大的商业价值，于是又向欧洲、美国、日本、中国香港等多个国家和地区提交了专利申请。自2002年专利获得授权以来，朗科已在全球范围内提出多起专利诉讼，涉及以色列M-Systems、美国PNY、金士顿、日本索尼、东芝，以及国内的华旗、阿里巴巴、农业银行、国迈科技和美光公司等多家知名企业。

除了为新产品申请专利外，邓国顺和成晓华还共同创办了深圳市朗科科技有限公司。该公司于2010年在A股创业板成功上市，并以51元/股的开盘价成为同批新股中的佼佼者。朗科采用产品经营与专利运营并行的商业模式，既通过固态存储、DRAM动态存储等产品的研发与销售获取收入，又通过全球专利诉讼、海关保护和协商谈判等方式获得专利授权许可收入。

朗科持续围绕闪存和移动存储技术开展专利布局，截至2023年12月31日，拥有授权专利273项，分布于中国、美国、欧洲、日本、韩国、中国香港等全球多个国家及地区。财务数据显示，2006年至2023年，朗科的专利许可收入累计达3.9亿元。特别是2016~2020年，这五年朗科的专利授权许可收入达1.7亿元，毛利率均为100%。尽管随着U盘基础专利ZL99117225.6在2019年11月到期，许可收入有所下滑，但2022年其专利运营业务仍实现了1 755.63万元的许可收入，较2021年同期增长55.50%。

通过申请创新产品的基础专利和持续补强的专利布局，两位发明人不仅将自己的发明转化为产品，在激烈竞争的市场赢得一席之地，还通过专利诉讼让国际大公司不得不向其缴纳专利许可费，创立的公司也成功上市。当然，朗科未来的发展仍面临诸多挑战，如创始人的分歧以及核心专利到期后的影响等。但至少从新产品概念的产生到成功商业化，朗科的专利无疑发挥了至关重要的作用。

事实上，在1999年的中国，专利意识普遍淡薄。若非如此，U盘的专利故事或许另有篇章。邓国顺和成晓华在参展后才申请专利，这种做法既存在被他人抢先申请的风险，又可能影响专利的新颖性。同年，笔者的同学在清华大学的"挑战杯"创新大赛中提交的参赛作品正是结合闪存和USB技术的U盘原型。那时他常拿着一个可插USB口的小电路板，向我们炫耀其存储速度和容量。可惜，当时我们都还是研究生，完全没有专利意识，根本没有考虑过申请专利。

3. 研发解决方案过程

研发解决方案，即开发出具有价值实现模型的解决方案，并明确方案部署所需的行动、资源、参与方及时间表。

在此过程中，企业需通过制定和实施知识产权计划以最大化知识产权相关机会，并降低解决方案的知识产权风险。在部署前，务必将风险降至最低，为后续的商业化部署奠定坚实的知识产权基础。知识产权管理活动将输出知识产权视角可行的解决方案，包括全面的项目知识产权计划、更新的知识产权组合、资源分配方案、品牌策略以及相关协议的准备与签署，如与供应商、分包商、合作伙伴的许可协议等。其中，更新的知识产权组合涵盖了在开发方案阶段持续增强的新专利申请、注册商标等不同类型的知识产权。

2011年初，腾讯推出了智能手机即时通信应用"微信"。十多年来，微信的功能日益丰富，腾讯围绕其功能和应用布局申请了大量专利。以群组功能为例，面对面加群、扫码入群、群语音通话等常用功能均受专利保护。2015年9月23日，腾讯提交了"视频通话方法和装置"的专利申请，为群内视频通话提供了专利保障。仅三个月后，微信6.3.5版本便新增了群视频通话功能。这一案例典型地展示了产品研发中针对创新点进行专利组合补强的做法。

再如，苹果公司的产品一直以简约、流畅的设计风格成为行业的风向标。每次新品发布会后，iPhone的边框、线条、配色、材质、摄像头排布等都会成为关注焦点。苹果十分注重对产品外观设计的专利保护，每款产品均会选取适当的时机在全球主要市场申请外观专利保护，申请时间从产品上市前几天至几月不等，具体如图2-8所示。

4. 部署解决方案过程

解决方案部署的过程是创新成果商业化的过程。若通过产品销售实现商业化，解决方案部署的过程将持续产品的整个生命周期。在此过程中，知识产权的管理活动有两大目标——价值最大化和风险最小化。

价值实现方面，知识产权战略及行动需支撑创新战略，采取不同的知识产权运营方式实现创新业务所需价值，包括最大化财务价值，以及知识产权能够带来的战略价值和生态价值。风险管控方面，需要定期监控和评价知识产权风险，应对可能的法律纠纷。目前，绝大多数知识产权诉讼都发生在部署解决方案阶段。

同时，企业需不断审视自身的知识产权组合，找寻新产品和新方向。在此过程中，会引入对技术发展趋势、市场动向及新解决方案的分析，

第 2 章 管理架构：经营与创新战略解码是关键

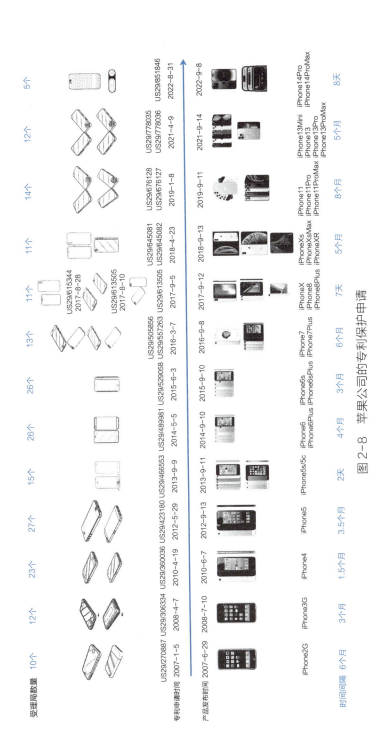

图 2-8 苹果公司的专利保护申请

如同富士公司在胶片产品衰退期的应对举措。

与其他创新过程不同,部署方案可能持续很长时间,因此充分利用各类知识产权的保护周期至关重要。以阿司匹林为例,它由德国拜耳公司的费利克斯·霍夫曼(Felix Hoffman)于1897年研发,并于1899年申请专利。拜耳公司深知专利保护期限有限,因此同步为新产品注册了商标。当阿司匹林的专利到期后,拜耳凭借已建立的阿司匹林品牌影响力,继续从阿司匹林销售中获利。这一知识产权组合保护策略至今仍被药品公司广泛采用。

图2-9为1979~2020年可口可乐公司在中国注册中英文商标的时间线。此线持续延伸,因可口可乐持续热销。随着产品销售,可口可乐不断完善其知识产权组合,这是一个长期过程。

作为一种现代产权制度,知识产权制度的本质是通过保护创新成果的产权,为创新者提供持久的创新动力。在缺乏产权保护的情况下,投资人既不愿也不敢对创新活动进行投入,因缺乏排他性保护的项目易被模仿,导致高风险低回报。因此,对于创新者,为顺利将创新成果商业化,需要从创新初期就开始关注知识产权,了解在创新的不同阶段需要做哪些知识产权工作,将知识产权管理活动嵌入创新项目的各环节中。

保护知识产权就是保护创新,知识产权与科技创新之间相互促进、融合共生的紧密关系决定了在创新的过程中充分利用知识产权制度能够帮助创新者更好地掌握自己的技术命运。对于创新者而言,知识产权在安全穿越科技创新"死亡之谷"方面发挥着重要作用,它大大提高了创新者获得财务和技术等各类资源的可能性,也大幅降低了创新过程中的不确定性。

第 2 章 管理架构：经营与创新战略解码是关键

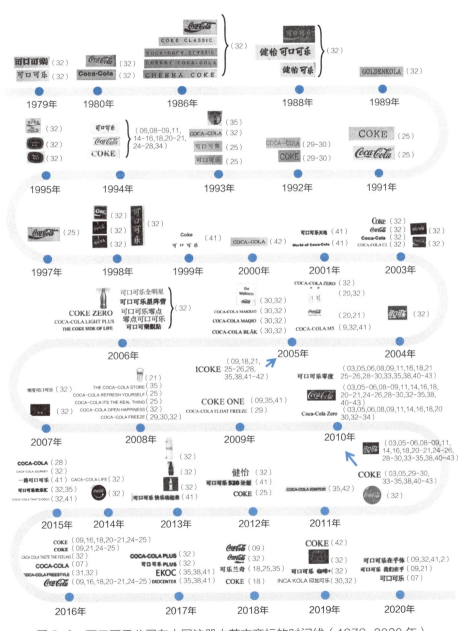

图 2-9 可口可乐公司在中国注册中英文商标的时间线（1979~2020 年）

正如彼得·德鲁克所说："目标明确的创新源于周密的分析、严密的系统以及辛勤的工作，这可以说是创新实践的全部内容……与其他领域一样，想成为一个杰出的创新实践者，只有经过某种训练，并将它完全掌握后，创新才会有效。"在创新实践中，能够熟稔地利用知识产权制度保护自己的创新、放大技术价值正是训练的核心内容之一。

第 3 章

IP 创造
高质量是商业价值实现的前提

许多初创企业和中小型企业认识到,知识产权资产可以提升企业价值,增加获利退出的机会,但很少有企业保护和发展自己的知识产权资产。

——贾格·辛格(Jag Singh)

质量缺陷：数不清的遗憾

1485年，英国国王理查三世与亨利伯爵在波斯沃斯展开决战。战前，马夫请铁匠为国王的战马钉掌，但因铁钉不足，最后一个马掌缺了一个钉子。由于缺失的这个马掌钉，战马在冲锋时马掌脱落，理查三世连人带马跌倒在地。士兵们不明真相，误以为国王中箭死亡，纷纷溃逃。最终，受伤的理查三世被俘，丧命敌手，国家也因此沦陷。战后，英国民间流传一首歌谣："少了一个铁钉，丢了一只马掌。少了一只马掌，丢了一匹战马。少了一匹战马，败了一场战役。败了一场战役，失了一个国家"。

对于专利而言，因撰写权利要求时"多了一个词，丢了一块范围，输了一场官司"的情形比比皆是。长期以来，许多企业都未能充分认识到知识产权特别是专利质量的重要性，误以为一旦获得授权就能得到充分保护。事实上，与有形产品相似，"无形"的专利也有质量高下之分。存在质量瑕疵的专利意味着保护范围不合理或不充分，更严重者，整个专利的权利基础都会被推翻，往往使企业在专利诉讼或许可中难以实现预期目标。

专利的保护范围由一项权利要求中记载的所有技术特征来界定，这些技术特征的总和构成了该权利要求所请求保护的技术方案。记载在权利要求中的每一个技术特征都会对该权利要求的保护范围产生一定的限定作用。所谓"限定作用"，是指但凡在权利要求中写入一个技术特征，就意味着专利权人向公众明示，该权利所要求保护的技术方案应当包含该技术特征。一项权利要求所记载的技术特征数目越多，表达这些技术特征采用的术语越是具体，则该权利要求所确定的保护范围就越小。

在实践中，常常遇到在专业领域非常杰出的发明人审核专利申请文件时，要求将发明中的最佳实施方案，如特定模块的芯片型号、算法的公式或工艺方法的详细步骤，都详尽地写入权利要求，或者对其专利代理人的这种做法表示赞赏。殊不知，这样的操作恰恰是断送了自己的发明的转化运用之路。

公共交通中，"最后一公里"的便捷出行是民众的迫切需求。共享单车的兴起正是抓住了这一出行痛点。在无桩共享单车兴起前，永安行作为公共自行车服务的先行者，主要为三至五线城市及周边县、镇区提供有桩公共自行车管理系统。2017年3月，永安行递交了A股上市申请，并于次月成功过会。但没过几天，永安行就收到了一纸诉状，被专利权人顾泰来起诉侵犯其名为"无固定取还点的自行车租赁运营系统及其方法"的专利权。

该专利于2010年12月23日提交申请，旨在保护一种无固定取还点的自行车租赁运营系统。专利的保护范围由权利要求界定，其中独立权利要求，即界定最大保护范围的权项，如下文所示：

一种无固定取还点的自行车租赁运营系统，其特征是它包括用户终端、多台装有车载终端的自行车、运营业务管理平台和车辆搬运系统，其中：

车载终端，用于车辆定位、防盗、接收平台的认证信息、进行用户认证、计价收费；它包括定位模块、车辆信号发射模块、车辆信号接收模块、车辆信号输入模块、车辆信号输出模块、自行车锁模块、存储模块和处理器；

所述的定位模块用于定位相应自行车的位置信息并发送至运营业务管理平台；

所述的车辆信号发射模块用于向运营业务管理平台上传/提交运营自行车的状态信息，包括待用、占用状态；

所述的车辆信号接收模块用于接收运营业务管理平台发出的用户身份识别信息；

所述的车辆信号输入模块用于接收用户的输入信息；

所述的车辆信号输出模块用于向车辆使用者提供提示、指示信息；

所述的自行车锁模块用于用户进行身份认证及自行车防盗；

运营业务管理平台，用于接收且响应用户用车请求，指挥车辆搬运系统平衡车辆分布密度，并与各车载终端构成租赁管理系统；

车辆搬运系统，接收运营业务管理平台的指令，对自行车密度进行平衡分布管理；

所述的用户终端，是用户自有的具备通信功能的终端设备，用于向运营业务管理平台发送租赁服务请求、指令或查询，并接收反馈信息；它包括：用户输入模块、用户输出模块、用户发送模块和用户接收模块；

所述的用户终端各模块是分立对接的或一体化集成，用户输入模块/用户输出模块能够与其他系统或设备对接；

所述的用户输入模块用于用户输入信息；

所述的用户输出模块用于向用户输出信息；

所述的用户发送模块用于用户向运营业务管理平台上传/提交信息；

所述的用户接收模块用于用户下载/接收租赁管理系统向用户发送

的信息。

从上述权利要求可以看出，专利保护的无固定取还点的自行车租赁运营系统，包括用户终端、多台装有车载终端的自行车、运营业务管理平台和车辆搬运系统，并对用户终端和车载终端的模块组成、运营业务管理系统和车辆搬运系统做了进一步限定。所有这些技术特征的总和构成了本专利的保护范围。

也就是说，只有永安行或其他共享单车公司的实施方案包括用户终端、装有车载终端的自行车、运营平台和车辆搬运系统，且各部分的方案与权利要求描述的各个模块相同或等同，才能认定侵权。但现实中，共享单车的搬运通常由第三方完成。共享单车公司作为实施主体，其方案不包含车辆搬运系统。根据专利侵权判定的全面覆盖原则，顾泰来的专利无法覆盖永安行等共享单车公司的技术方案。

不得不说，这件2010年提交的专利申请，其技术方案是共享单车业务的基础方案，但专利的撰写质量却导致其未能获得应有的行业基础专利的地位。这件专利申请的时间点如此之早，如果熟悉专利申请之道，围绕这一方案开展系列专利的布局，严控专利申请文件的质量，很有可能获得能够影响共享单车业务生杀大权的专利组合。

知识产权组合的威力

很长时间以来，提到知识产权，人们首先想到的往往是专利，甚至觉得只有发明专利才有含金量。因此，在企业的年终总结中，我们常常听到诸如累计拥有专利量、年度新增发明专利申请量、新增发明专利授权量、发明专利占比等指标的达成情况。但是，知识产权还包括著作权、外观设计、商标和商业秘密等不同类型的权利。每种权利都能保护产品或服务的不同方面，例如，商业秘密和专利保护新的技术方案，著作权和外观设计权保护原创设计，而商标则保护并帮助建立企业的品牌。

上一章中，我们提到拜耳和可口可乐的例子。拜耳公司为其药品阿司匹林注册了专利和商标，在专利到期后，拜耳公司仍能够通过阿司匹林的品牌效应，继续从阿司匹林的销售中获益。可口可乐公司的饮料历经百年依旧畅销，其知识产权保护策略是非常经典的商标和商业秘密组合保护的案例，不仅通过商标的续展和持续注册确保了品牌的长期保护，还充分利用了商业秘密无保护期限的特点，只要保持其保密状态，就能持续受到保护。

知识产权组合是为实现特定价值目标的知识产权权利的集合，可包含一种或多种知识产权权利形态。不同行业的企业，知识产权组合中的权利类型差异明显。例如，软件类企业的知识产权组合常包含专利、软件著作权、商标和商业秘密，其中以发明专利和软件著作权为主，含有少量标识产品名称或特定功能的商标、交互界面方面的外观专利。乳品饮料企业的知识产权组合则以各种品类的商标、产品外包装的外观专利和配方专利为主，还有部分工艺方面的发明专利和商业秘密。如果知识产权组合中只有专利，就是常说的专利组合。

2023 年，我国共授权发明专利 92.1 万件，同比增长 15.4%；授权实用新型专利 209 万件、外观设计专利 63.8 万件；注册商标 438.3 万件。

如此海量的专利从何而来？从产出动因来说，多是应对考核指标或项目验收；从产出方式来说，大部分是散点式的申请，即发明人针对自认的技术创新点提出了专利申请；从产出时间来说，通常是在研发活动结束后、发明人空闲的时候。也就是说，大部分专利都是由研发人员自发在研发任务完成后进行的散点式申请，在申请之初从未考虑专利的未来应用。因此，当需要专利真正发挥作用时，发现质量不过关、保护不到位，即便手持众多专利，却什么都做不了。这也是中国企业专利申请量激增的同时不断被质疑其价值的原因所在。

20世纪60年代，美国杜邦公司成功研发出Nomex芳纶产品，并于1967年推向市场。作为一种阻燃间位芳纶材料，Nomex广泛应用于电气绝缘、作业防护、航空航天等多个领域，是全球有机耐高温阻燃市场的佼佼者。此后，上海纺织科学研究院迅速启动替代Nomex的高性能纤维研发，但因工艺设备限制，仅停留在小试阶段，且未申请专利。

2002年，上海纺织集团重启耐高温材料的技术攻关，完成了千吨级芳砜纶产业化工程关键技术的研发，与上海纺织科学研究院、合成纤维研究所共同申请了名为"芳香族聚砜酰胺纤维的制造方法"的专利，也就是芳砜纶的基本制备方法专利。2006年3月，上海纺织集团全资设立上海特安纶纤维有限公司（简称特安纶公司），专注于芳砜纶的产业化运作。次年10月，年产1 000吨的芳砜纶生产线顺利建成，进入试生产。

特安纶和Nomex在耐高温应用领域可以相互替换，更难得的是，与Nomex相比，特安纶在耐热性、纤维加工性、阻燃性、穿着舒适性、易染色性等方面更胜一筹。2003年，即便特安纶仅处于小批量生产阶段，其卓越性能已使其超越包括Nomex在内的其他纤维，被选为"神舟五号"特制宇航产品材料。同时，特安纶在价格上极具竞争力，进口一套使用Nomex材料的防护服成本约为5 000元，而使用特安纶材料的防护服成本仅为1 000元。

2007年初，杜邦公司首席科学家造访特安纶公司，提出全面收购特安纶公司的方案。在收购提案被拒后，杜邦公司迅速围绕特安纶产品的产业链上下游开展专利布局。2007年4~12月，杜邦公司提交了14项与特安纶相关的PCT申请，随后的2008年和2009年，又分别提交了2项和1项PCT申请。从专利保护范围来看，杜邦公司的上述专利申请涉及特安纶纤维的制造方法、主要产品形态（纤维布和纤维纸）、使用特安纶制造的材料及其制造方法，全面覆盖了耐热阻燃材料相关的主要产业应用。从地域布局来看，杜邦公司在美国、中国、日本、韩国、加拿大、墨西哥、德国等国家均进行了专利申请，而这些区域正是Nomex的主要市场所在地。

随着杜邦公司专利在全球陆续获得授权，特安纶公司的处境日益尴尬：自研的特安纶纤维产业化进程受阻，下游厂商因顾虑侵犯杜邦公司的专利权而不敢购买其产品。2011年，Nomex年产能高达2.5万吨，全球销售额达84亿美元，其中中国大陆占10亿美元，而特安纶年产能仅1 000吨，境外销售额仅0.2亿美元。

让我们复盘一下双方的专利申请。

作为新材料的研发及产业化单位，上海纺织集团和特安纶公司的专利布局目标应当是支撑特安纶在全球市场的上市销售。在研发初期，上海纺织集团与上海纺织科学研究院、合成纤维研究所共同申请了芳砜纶的基本制备方法专利。然而，如此重要的新材料仅布局一件制备方法专利，远不能有效保护创新成果。并且，方法类专利的侵权举证难度大，亦无法对采用其他方法制备的相同产品予以保护。2007年，在杜邦公司来访并提出收购意向后，特安纶公司仅补充申请了3件中国专利,且依然是纤维制备方法专利。

对于杜邦公司而言,专利布局的目标则是阻击竞争对手——特安纶公司的产品销售,保障自身产品 Nomex 的全球市场份额不受影响。在收购提议被拒后,杜邦公司采取了全产业链的布局策略,迅速在全球布局了 17 个专利,全面封堵了特安纶产业链的上下游。杜邦和特安纶公司同处产业链上游,中下游厂商作为客户,采购其材料进行产品制造、销售。杜邦公司针对特安纶产品的四大应用领域——防护器具、过滤器、耐火纸材和耐火管材,对其中间产品和最终产品以及相应的制造方法均提出了专利申请,产品保护范围覆盖了纤维、纱线、短纱线、织物、纸材、复合材料、防护服、过滤器以及各种用纸和管材等。特别是在 Nomex 的两大核心应用领域——防护器具和过滤器上,杜邦的专利布局最为密集。这样的专利策略导致特安纶公司十分被动,中下游厂商因担心专利侵权风险不敢购入其产品。同时,由于杜邦公司不涉足特安纶产品的生产与销售,特安纶公司的专利对杜邦构不成任何制约。

在这个案例中,特安纶公司虽然表现出一定的专利意识,先后申请了少量的国内专利来保护其核心工艺。但遗憾的是,他们未能充分认识到,对于具有重大意义的创新,需从产业链的上下游进行全面的专利布局。当面对专利实力雄厚的跨国公司时,这种散点式的申请就像是在角斗场上赤膊上阵,甚至把利器递给了比自己强大数倍的对手。因此,特安纶公司失去了专利申请的先机,不仅无法通过专利申请为其新产品提供保护,反而被竞争对手的专利组合所围困,导致市场拓展面临重重困难。

而杜邦公司从一开始就非常明确专利申请的目标,即阻碍竞品的全球市场销售，巩固自身产品的市场份额。因此，即便自己不生产、销售特安纶产品，也围绕竞品（准确地说，是潜在竞品）的产业链上下游和全球主要市场开展专利布局，利用专利组合支撑 Nomex 产品的全球业务战略。

知识产权为其所有者赋予了指定期限内的排他权，以防止第三方未经授权使用其发明创造。因此，知识产权能够将智力成果转化为具有价值、可交易的商业资产，但前提是要以商业价值实现为导向，充分利用各种权利类型的知识产权，采取组配策略，形成高质量的知识产权组合。

以终为始：知识产权布局的不二法门

知识产权的布局规划，应从布局目标、对抗主体、布局点位、布局类型、布局地域、布局时机等方面展开系统的分析与顶层设计。需要注意的是，这里的布局目标不是知识产权产出的数量和类型目标，而是借助知识产权布局希望达成的商业目标。例如，提高产品竞争优势、防止竞争对手仿冒、保障供应链安全、推动生态链良性发展等。

在第 2 章中，我们谈到了企业知识产权管理中的价值创造与战略解码。事实上，知识产权布局的落地过程同样离不开战略解码。"以终为始"的"终"即战略解码的商业目标。有时，企业会设定宏大的商业目标。在进行知识产权布局规划之前，我们需要深入理解这些目标所蕴含的战略意义。这一过程需要通过战略解码，即将整体战略细化为希望通过知识产权组合来实现的具体目标。

2016 年，云鲸公司创立。历经三年研发，云鲸推出了第一代可自动清洗拖布的扫拖一体机器人"小白鲸"。2021 年 9 月，云鲸推出二代产品 J2，增加自动上下水、自动添加清洁剂、45°热风烘干功能。近一年后，推出三代产品 J3 小鲸灵，增加智能托管、脏污识别、地毯识别、扫拖模式自动切换等功能。到 2023 年 8 月，云鲸推出旗舰款 J4，清洁力提升至 7800Pa 的超大吸力，还改进了集尘方式、避障系统和除菌方式，同时支持更丰富的语音控制等。

除了产品创新，品牌塑造对新入市者来说也至关重要。云鲸进军扫地机器人市场时，面临着国内外众多品牌的竞争，如国内的科沃斯、海尔、普森斯、小米、石头、追觅和哇力，以及国外的艾罗伯特、戴森、NEATO 和由利等。

云鲸立足家用机器人领域，不仅要致力于研发革命性科技产品，同时也要打造"为用户的自由热爱而造"的生活方式品牌。从一开始，云鲸就采用品类升级策略，推出了扫拖一体机器人，主打自动清洗拖布的功能点，打造"云鲸 NARWAL"产品品牌，再围绕周边产品建立"NARWOW""云鲸鲸喜"品牌，围绕服务体系打造"NARWAL CARE"品牌。也就是说，云鲸通过产品创新和品牌建设双管齐下提升产品竞争力。因此，其知识产权布局也需紧扣这两点：一方面，围绕产品核心功能、核心技术及外观设计开展专利布局，平衡专利申请与商业秘密保护，充分体现产品创新力，构筑产品门槛；另一方面，提前注册与产品和服务有关的中英文、图形商标，奠定品牌塑造的权利基础。

为此，云鲸高度重视核心技术积累及知识产权保护，专利方面，云鲸目前在国内外累计申请专利超过 800 件，涉及同步定位与地图绘制、三维感知、AI 物体识别、机器人结构技术、大数据应用等核心技术，其产品核心功能与部分专利组合的关联关系如图 3-1 所示。

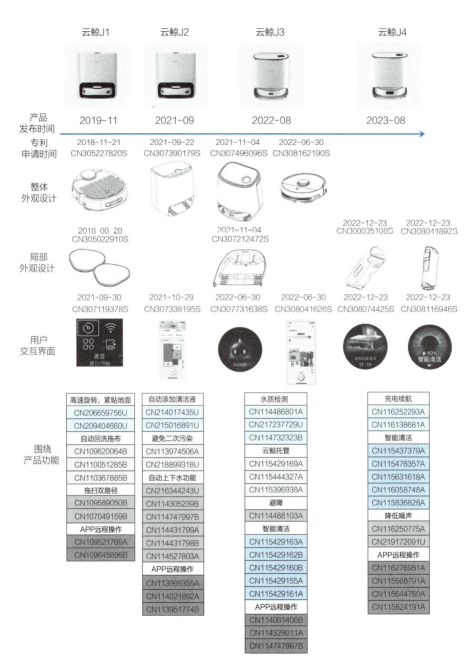

图 3-1 云鲸产品核心功能与部分专利组合的关联关系

商标方面，云鲸公司累计注册"云鲸""小白鲸""NARWAL""🐋""NARWAL 云鲸""NARWAL CARE""NARWOW""云鲸鲸喜""云鲸鲸选""云鲸鲸灵"等商标超过600件，实现对云鲸品牌的全方位保护。为了配合产品推出前的保密，部分商标注册的时间与产品发布选择在同日，如2022年8月31日，既是云鲸提交"小鲸灵"商标注册的申请日，也是年度新品J3小鲸灵的发布日。部分云鲸商标注册与产品或服务推出的时间线如图3-2所示。

一般来说，为提升产品竞争优势，企业应围绕核心技术、产品功能与外观设计开展专利布局，同时，以商业秘密的方式，妥善保护不宜公开的技术。商标方面，尽早在相同和相近的商品类别甚至全类别注册商标，涵盖产品整体、特色功能和服务。必要时，可实施防御性的专利申请和商标注册。

对于依赖委托制造的企业，为保障供应链安全，还需对采购的关键零部件和子系统进行专利布局，以防供应商利用专利阻碍更换供应商或要求独家供货。若研发过程中与供应商有合作，尽可能利用其他商务条件的交换，保证专利权归自身所有，或至少与供应商共同拥有，并对供应商的专利使用权利予以限制。

以终为始的知识产权布局需要事前梳理产业链上下游，明确知识产权的对抗主体和产品载体。针对不同主体，如原材料或零部件供应商、同业竞争对手、客户，专利申请的保护点、依托的产品载体均有所不同，专利组合构建及专利权利要求部署的思路亦不同。例如，对于需在未来阻击竞争对手的专利，需先对竞争对手的技术路线、产品策略展开分析，围绕竞争对手产品演进中可能采用的技术方案进行专利布局，而基于自身创新点产出的专利未来则很可能无法限制竞争对手。

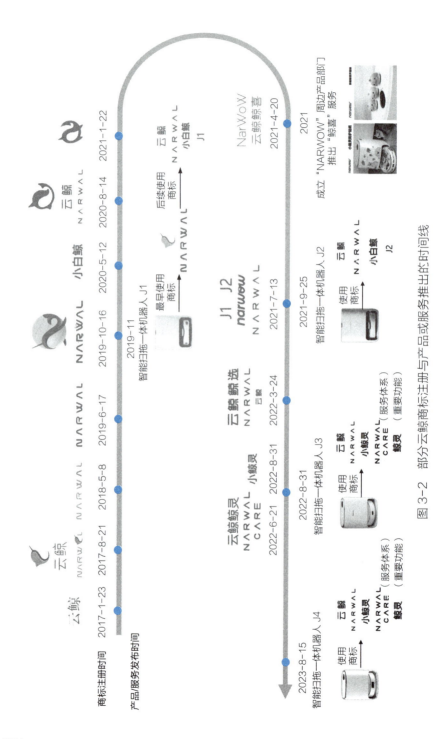

图 3-2 部分云鲸商标注册与产品或服务推出的时间线

品牌方面，建议在品牌设计阶段同步开展相关品牌标识在目标地域的检索，分析商标注册的前景，以避免建立品牌认知度后因商标无法注册被迫换标的情形。否则，不仅前期的所有投入化为乌有，还需要额外投入大量的市场费用来重新塑造和推广新品牌。

总体而言，知识产权布局要实现的商业价值应匹配企业的商业模式和商业目标，如支撑新产品上市销售、阻击竞争对手的竞品销售、通过专利标准化提升行业话语权等，这些价值可以是财务的，也可以是非财务的；可以是长期的，也可以是短期的；可以是企业整体的，也可以是业务单元的。也就是说，知识产权的创造应当服务于企业的商业目标，基于商业思维与法律思维的结合，"以终为始"地开展知识产权布局规划。

系统化的质量管理是关键

知识产权的质量，尤其是专利质量，是其商业价值和法律保障的基石。关于专利质量，广义的理解包括专利布局，即保护策略与点位的设计，狭义的理解主要指单件专利的质量管控。如果把专利比作产品，"生产"专利需要经过专利布局、挖掘、技术交底书撰写、专利提案评审、申请文件撰写、审查意见答复等一系列环节，任何一个环节做得不好，都可能导致最终获得的专利权存在质量瑕疵。

在第 2 章中，曾介绍了国内外企业知识产权管理经历的四个典型阶段。当企业发展到专利数量激增的中后期，专利申请管理的导向开始走向"量质并重"或"以质量提升为重点"。参照第 2 章知识产权管理框架的三层模型，企业的专利管理体系也可划分为总体组织规划、案件过程管理和支撑平台建设三个层面，整体架构如图 3-3 所示。

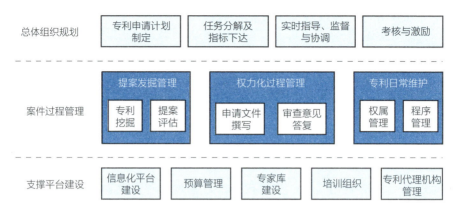

图 3-3　企业的专利管理体系架构示意

专利质量管控是以"质量提升、价值实现"为导向的专利管理体系的系统优化过程。

在总体组织规划层面，包括专利申请计划制定、任务分解及指标下达、实施指导、监督与协调和考核与激励四个工作模块。专利申请计划制定将直接影响企业中长期及年度总体的专利申请走向，再通过任务分解和指标下达，交由各下属单位或部门具体完成。因此，专利申请计划制定与任务分解对整个企业的专利申请具有直接的指引作用。对于亟待提升专利质量的企业，需将企业中长期的专利申请目标由单纯的专利数量增长调整为量质并重，在总量基本不变甚至下降的情况下，逐步完成专利申请的结构调整。

在案件过程管理层面，包括提案发掘管理、权利过程化管理和专利日常维护三个工作模块。提案发掘管理主要指寻找具有申请价值和授权前景的专利提案的过程，主要包括研发人员自行提出、专利人员参与布局挖掘等产出形式。权利化过程管理主要包括专利申请文件撰写、审查意见答复等环节。专利日常维护主要包括专利权属管理以及专利申请流程、费用和文档等方面的管理事宜。其中，专利挖掘、提案评估、专利申请文件撰写和审查意见答复是企业专利质量提升的重点工作环节。

专利提案评估主要指在申请专利前，筛除明显没有授权前景或申请价值明显低下的专利提案，其主要目的在于普适性地提高企业专利申请的单件质量，一般包括专利提案的检索分析和提案评审两项质量管控机制。专利提案的检索分析环节要解决专利提案的授权前景和申请文件撰写策略问题，一方面，尽量筛除明显不具备授权前景的专利提案；另一方面，根据检索到的对比文件，确定合理的专利保护范围，并明确对专利代理服务机构的专利申请文件撰写要求。

专利提案评审环节则重在评价专利申请的必要性，以减少明显不具备申请价值的专利申请。建立评审机制的工作主要包含两个方面：一是设计评审指标，二是组织评审，包括评审专家队伍建设、评审会组织等。一般而言，专利提案评审指标大多基于法律、技术、市场三个维度。法律层面的指标主要从专利法角度衡量专利提案质量，如专利提案的新颖性、创造性、侵权发现及证据获取难度等；技术层面的指标主要从技术的角度衡量专利所要保护的技术方案本身的价值，如技术创新性、技术重要度、技术成熟度、技术可替代性等；市场层面的指标主要评价该技术可被市场接受的程度，以及与业务的契合程度，如自行实施的可能性、外部应用的可能性、标准相关性、市场规模等。对于需要在海外进行专利部署的企业，还应当建立海外专利申请评估机制。

对于经评估确定申请的专利提案，其质量主要取决于专利申请及审查意见答复文件的撰写水平。虽然发明和实用新型专利描述的内容也具有技术性，但与交底书、论文等技术文件不同的是，专利申请文件是确定保护范围的法律文件。专利申请文件质量的好坏将直接影响专利申请能否获得授权以及后续专利的价值。

企业可选择由内部专利团队或委托专利代理机构撰写专利申请文件，但多数企业倾向于选择后者。外部专利代理师因不了解企业的专利申请目的和运用方式，只能遵循专利法律法规的通用要求撰写申请。但实际上，企业在管控专利质量时，除了遵循相关法律法规外，还应根据领域案件特点制定内部的质量评价标准。审查意见答复阶段同样如此，专利代理师通常只关心能否授权，而不关心授权后的专利对企业是否仍有价值。因此，为提升企业专利申请质量，需增加专利申请文件和审查意见答复的审核机制。

对于代理机构撰写的专利申请文件初稿，包含发明人审核和专利人员审核两个环节。很多时候，发明人面对专利代理师写完的申请文件会有强烈的陌生感，疑惑这是否还是自己的发明创造。究其原因，主要是因为专利代理师撰写的申请文件毕竟是法律文件，采用了法律规定的话术，同时，专利代理师还会对发明人的技术方案进行概括、扩展或上位。发明人不能要求专利代理师将技术交底书的诸多细节写入权利要求书，还为代理师积极配合的态度点赞，因为这种做法将严重限缩专利的保护范围。

作为最了解发明初衷和发明内容的发明人，在接到代理师反馈的专利申请文件后，应克服表面的陌生感，从技术的角度重点审核两方面的内容：第一，确保专利代理师在专利申请文件中对技术的理解和描述准确无误；第二，确保希望保护的关键技术内容获得了保护。在发明人审核确认后，专利人员应从权利要求布局合理性和说明书的清楚、完整性等方面进行全面审核。

专利申请文件递交到专利局以后，审查员将依据专利法对专利申请文件进行审查，判断申请人提交的专利申请是否应当被授予专利权。如果经审查，专利申请符合相关规定，审查员会做出授予专利权的决定；如果审查员认为专利申请存在某些缺陷，不符合专利法的相关规定，则会下发审查意见通知书，要求申请人在指定期限内陈述意见或者对申请文件进行修改。专利申请如同圈地，审查员代表公众利益，决定给予申请人的"土地"范围。审查意见常常不是指出申请文件存在各种错误，而是认为申请人要求的"土地"过广，需缩减范围。也就是说，审查意见答复往往是跟审查员"讨价还价"的过程，而不是"纠错"过程，申请人完全可以尽最大努力争取更为有利的授权范围。

鉴于审查意见答复对于专利申请能否被授权及授权专利的保护范围意义重大，企业也应当建立审查意见答复文件的审核机制。如果申请文件确实存在审查员指出的问题或缺陷，则可根据其意见对申请文件进行修改，以克服原有缺陷，争取尽早获得专利授权。如果审查员对申请文件的理解有偏差，导致审查意见有失偏颇，则应当据理力争，与专利代理师共同尽力提出能够说服审查员的理由来反驳审查员的观点，最大化保障企业作为未来专利权人的权益。与申请文件审核类似，审查意见答复文件的审核也需要发明人和专利人员的密切配合。

在支撑平台建设层面，包括信息化平台建设、预算管理、专家库建设、培训组织和专利代理机构管理等工作模块。专利申请工作需要各类基础资源的支持，当专利申请由"提升数量"进入"量质并重"阶段后，每个工作模块的内容都会与专利质量提升相关。例如，信息化平台建设方面，需要增加支撑专利质量管控措施落地的功能模块，如国内专利提案评审、海外专利评审、专利申请文件质量审核模块等。

专利质量是企业专利创造工作的重中之重，高质量的专利是商业价值实现的前提。国内不少企业已经拥有了相当数量的专利储备，应尽早建立专利质量管控机制，为储备一定数量的高价值专利以及后续专利运营和保护奠定坚实基础。

选好、用好外部资源

国内不少企业均已建立了相对完善的专利管理体系，覆盖从提出专利提案、委托专利代理机构撰写、审查意见答复到复审等专利申请的全过程。但是，不少企业对专利代理服务机构的管理普遍停留在"流程基本规范、质量管控缺失"的阶段。

由于专利申请文件撰写和审查意见答复的质量主要决定于专利代理服务机构的服务水平。因此，专利申请文件撰写和审查意见答复审核机制的建立须依托对专利代理服务机构的管理。企业应尽早建立对专利代理机构的遴选标准、作业标准和考核标准，这三项标准相互衔接，共同构成专利代理机构管理的质量控制标准体系。遴选标准负责控制入选的专利代理服务机构的基本服务能力；作业标准要求入选的专利代理服务机构需按照统一的程序要求和实体要求完成企业每年的专利申请工作；考核标准则用于检验各专利代理服务机构对作业标准的执行情况，实现对专利代理服务机构和代理师的定期评级，以淘汰不合格的专利代理服务机构。

在遴选标准的设计上，按照企业采购招标的相关规定，可分为商务和技术两方面的规范性要求。商务部分主要包括相同或相关行业的代理经验、相关领域案件年代理量、人员规模、价格等指标；技术部分则主要从专利代理服务机构的撰写水平、服务内容、质量保障、流程管理等方面进行考量。同时，根据评选情况，可设置不同的专利代理机构级别并针对不同级别单独定价。作业标准则是根据专利代理业务作业流程，针对专利立案、专利撰写、专利审核、专利递交以及意见答复等专利代理业务作业全流程的各个阶段分别设置作业标准，包括程序和实体两方面的要求。考核标准的设置目的在于检查专利代理服务机构对前述作业标准的执行情况，以对专利代理服务机构和专利代理人定期评级，并进行级别调整或做出警告、淘汰处理。考核对象分为专利代理服务机构和专利代理人两级。

对于年申请量大、下属单位众多的大型企业集团，还应统筹考虑专利代理服务机构的管理模式。综合考虑优质专利代理服务机构的区域分布、作业标准统一化、管理人员的专业性要求、成本优化和专利资产运营等因素，多数企业采取集中化的管理模式，即由公司总部实施专利代理业务的集约化管理。

专利代理业务的集约化管理旨在依靠专利代理资源的优化组合来提升专利申请的管理效率和管理效益。通过系统梳理专利代理的业务链条，围绕专利代理业务的全过程和关键环节，通过集中化、标准化的管理提升专利代理服务支撑能力。实践中，专利代理集约化管理模式主要包括"半集中式"和"全集中式"两类。"半集中式"管理模式的总体思路为"集中采购、分散委托、分散结算、集中考核"；"全集中式"管理模式的总体思路是"集中采购、集中委托、集中结算、集中考核"。

"全集中式"的专利代理业务管理模式有利于合理地配置优势代理资源，也最利于实现对专利代理质量的统一管控，但总部层面管理压力较大，所需配置的专业人员需求也较大。而统分结合的"半集中式"的专利代理业务管理模式既能发挥"集中式"管理的优点，实现专利代理资源的优化配置以及对专利代理质量的管控，同时还可以发挥"分散式"的优点，节约总部资金预算，并充分调动各单位人员的积极性以分散管理压力。但这种模式下，对各单位专利人员的要求相对较高。

专利代理机构的选用，重在"人"，而非"所"。只要流程管理规范，企业不应将专利代理机构的规模和价格作为主要筛选标准，更应当看重的是具体撰写案件的专利代理师的专业能力和责任心。

维护知识产权组合

知识产权组合可以是业务、产品层面的组合，也可以是企业的全部知识产权。从企业层面来看，知识产权组合需要从战略覆盖范围、地域平衡性、时间平衡性、价值度分级等方面定期评价、检视，根据评价结果对知识产权组合进行动态调整，包括出售、放弃不适宜继续维持的知识产权、对外许可部分知识产权，以及购买所需的知识产权或许可等。

在第 2 章中，我们曾谈到价值创造与战略解码，尽管不同的企业会停留在不同的价值层次，但如果企业希望知识产权发挥真正的价值，必须首先明晰企业经营发展对知识产权价值的需求，进而找准企业知识产权方面的战略方向，再通过战略解码建立战略与日常工作之间的关联。

如果从一开始就按照战略解码开展布局并严控质量，企业知识产权组合的战略覆盖范围应该总体满足要求。但现实中，很多企业是在发展过程中逐步形成知识产权的战略方向，且战略方向也会根据市场变化等因素适时调整。因此，知识产权维护就是定期基于最新战略需求对知识产权组合进行价值评价和处置的过程。

举例来说，如果某创新型企业在未来1~3年有科创板上市计划，对知识产权组合的直接需求是保障企业顺利上市，其知识产权组合的维护需要重点关注对科创属性评价要求的满足情况、知识产权是否存在上市"硬伤"、专利技术在形成企业主营业务收入的产品中的应用情况、专利组合对核心技术的覆盖情况、核心技术的专利组合相较于竞争对手的优劣势分析、知识产权组合的风险防御能力等。对于组合中保护不力或存在法律瑕疵的情况，应当及时寻求解决方案。

对于具有海外市场或计划进入海外市场的企业而言，知识产权组合还需要考虑地域的平衡性。通常来说，产品制造地、产品核心零部件/关键子系统的制造地或经销地、研发活动实施地、产品销售地、拟进入的市场、竞争对手研发、制造、组装和销售地均可作为知识产权全球布局的候选区域。在此基础上，结合当地的知识产权司法健全程度、司法实践、审查周期、保护成本、诉讼情况等方面综合考虑知识产权组合的地域分布。

一般来说，在企业最早制定海外市场计划的时期，知识产权部门就应当跟进并统筹开展知识产权的海外申请。对专利保护来说，不同地域的审查周期存在较大差异，短则数月，长至数年，巴西甚至可能需要七八年之久。因此，一旦企业有计划将业务扩展到新的国家和地区，就应当立即着手海外知识产权申请的必要性评估、案件筛选及申请事宜，适时提交专利申请和商标注册。对于短期内尚无海外市场计划的企业，如果所属行业的头部企业是国外企业，尤其是专利实力较强的跨国企业，在财务能力支持的情况下，也有必要在这些企业的母国或者对其重要的制造地、分销地和或销售地进行专利布局，以形成一定的制衡。当然，这些地方的专利布局对专利方案的选取需要具有良好的市场和技术预判能力。

时间规划也是维护知识产权组合的一项重要考量因素。我曾与日本某知名跨国公司知识产权部总经理交流企业知识产权战略。他强调，公司十分重视知识产权组合的时间规划，部分知识产权着眼于未来，至少八年后才可能投入使用；部分则针对下一代产品；而当前销售的产品中使用的知识产权仅占少数。企业可根据知识产权依托的产品上市时间，综合利用知识产权首次申请的时机选择、国外申请的时机选择、国际申请进入国家的时机选择、分案申请、组合中其他知识产权的申请时间、美国专利申请中的延续申请等多种手段，有效保持知识产权组合的时间平衡性。

时间和地域的平衡在很多情形下需要统筹规划。首次申请专利后，确保在其他国家的后续申请能享有相同的优先权日至关重要。在众多科研领域中，同类发明往往有多人同时研究。若有人在首次申请后、他国申请前，就相同发明申请专利、发表文章或销售相关产品，可能导致申请人在其他国家错失专利保护机会。因此，提交首次申请后，在他国再次申请时，保持先前的申请日期至关重要，这正是《巴黎公约》和 PCT 等国际条约的核心意义。这种国际优先权制度类似于赋予了专利申请人在他国申请专利的"期权"，提前锁定他国申请的优先权日，由此获得的 12 个月或 30 个月的延长期，可以帮助专利权人看清技术发展路线和相关国家的市场情况，以更准确地判断专利是否具有在特定国家申请的价值。

通常，知识产权管理成熟的企业会建立专利价值评价机制，从法律、技术和市场等多角度定期评估企业专利或专利组合的价值，具体的评价方法我们将在第 4 章中介绍。在定期评估知识产权组合后，企业会根据战略需求制定相应的处理措施，如买卖或放弃某些知识产权，决定哪些组合需进一步加强，以及是否进行知识产权的许可交易等。由于申请知识产权耗时较长，直接购买成为迅速提升企业知识产权实力的捷径，有时甚至成为并购的主要动因。例如，2012 年谷歌以 125 亿美元收购摩托罗拉移动，两年后却以 29 亿美元将大部分资产转售给联想，唯独保留了摩托罗拉的大部分专利和专利申请。此举恰恰证明了谷歌收购的主要动机之一，即迅速获得大量专利，以加强其安卓系统的专利组合。

随着企业规模扩大，各类知识产权大量涌现。众多企业为品牌战略申请大量商标，如可口可乐和云鲸等案例所示；有的企业则积极申请专利，或登记软件著作权和集成电路布图设计。这些不同类型的知识产权共同构成了我们通常所说的知识产权组合。要使这些组合成为企业的核心资产，关键在于其对经营战略的支撑。不同类型甚至同一专利的不同权利要求间都存在协同效应。因此，最大化知识产权组合的价值至关重要。而实现这一切的前提是确保知识产权的高质量。为此，企业在基于商业思维从资产的角度有目标、有规划地获取和维护知识产权组合的过程中，应建立系统化的质量管理机制。

技术创新的商业价值
从知识产权认知变革到管理实践

第 4 章

IP 运用

价值评价要素与实现手段

> 如果发明的实用价值有限,那么发明者将很少甚至基本上无法从发明中获益,那么这一发明就没有价值,将逐渐被忽视直至从市场上消失。
>
> ——约瑟夫·斯托里(Jesoph Story)

知识产权的价值与价值度

谈及知识产权的价值，很容易想到其值多少钱，也就是知识产权的货币价值。但如第 1 章所言，广义地理解知识产权的价值，包括显性价值和隐形价值，财务价值和非财务价值。通过无形资产评估或知识产权市场交易形成的货币价值是显性的财务价值，例如知识产权转让、许可、作价入股、质押等场景中的价值。同时，为了满足分级分类管理的需要，也会对知识产权尤其是专利的价值进行评价。评价结果既可以是定性的重要度分级，也可以是量化的价值度。

此处以科创型企业涉及最多的技术性资产——发明和实用新型专利为例，说明如何开展专利价值度的评价。

2023 年 9 月，国家市场监督管理总局（国家标准化管理委员会）批准发布了国家标准 GB/T 42748—2023《专利评估指引》，提供了发明和实用新型专利评估的通用指导。标准中指出，专利价值度作为通过专利价值分析评估得到的量化结果，由专利的法律价值度、技术价值度和经济价值度共同决定。

法律价值度指专利被法律赋予专有性，专利所有者或者使用者在专利权的保障下控制市场的能力，常用评估指标包括权利稳定性、权利保护范围、侵权可判定性等。技术价值度指专利由其承载的技术领先程度、技术适用范围和技术能够实现的可能程度所决定的实际应用的价值，常用评估指标包括技术先进性、技术成熟度、技术可替代性、技术适用范围等。经济价值度指从专利获得市场经济收益能力的角度反映专利的经济价值的程度，常用评估指标包括剩余经济寿命、竞争态势、市场应用情况等。

实践中，发明和实用新型专利类技术资产的价值评价主要考虑法律、技术和经济三个维度的影响因素，也有部分企业或研究者进一步将经济维度拆分为市场、财务和战略等维度。在这些维度下，可以选取相关因素作为专利价值度评价的指标。同时，也可依据价值度评价情况，在货币价值评估时设计资产评估算法，尤其是设定相关的评估参数。

1. 法律价值度

在法律层面，由于专利权是依法获得的权利，相关法律法规确定了权利取得的条件、存续和权利主张的基础，法律法规及其实际执行程度将对专利价值产生根本影响。法律维度考虑较多的因素如表 4-1 所示。

表 4-1　影响专利价值的法律因素

法律因素	说明
权利稳定性	专利授权后存在被宣告无效的可能。专利权的稳定性，指授权专利对抗无效请求的能力 经过无效程序或专利诉讼后仍维持有效的专利权，权利稳定性更好，对其价值具有正面影响
权利保护范围	根据《中华人民共和国专利法》的规定，专利权的保护范围由权利要求决定。保护范围大小对专利价值具有明显影响，范围越大，专利权人获得的技术排他范围相应更大，权利人可获得更多的超额收益，价值越高；反之，则价值越低
侵权可判定性	侵权判定难度指判定涉嫌侵权物（如竞品）构成专利侵权的难易程度。依据专利权利要求描述的技术方案，若侵权发现及侵权举证难度低，则实际能获得的保护力度更强，对其价值具有正面影响
同族专利	由于专利的地域性特征，在不同国家或地区获得专利保护需向相应国家或地区提出专利申请并获得授权。同族专利是基于同一优先权文件，在不同国家或地区以及地区间专利组织多次申请、多次公布或批准的内容相同或基本相同的一组专利。同族专利的数量通常能够体现出权利人对于该项技术的重视程度，因此同族专利数量亦可作为专利价值评价的参考依据

2. 技术价值度

技术层面，专利资产具有的技术特征是其获得超额收益的基础，其对专利资产价值的影响是多方面的，主要因素如表4-2所示。

表4-2 影响专利价值的技术因素

技术因素	说明
技术重要性	指专利解决的技术问题对于所处技术领域的重要程度。通常来说，解决的技术问题越重要，则该技术的价值越高
技术先进性	指专利技术和现有技术相比较的领先程度，一般通过技术性能指标体现。技术性能指标优于现有技术的程度与待评估专利技术的价值存在正相关关系
技术成熟度	指专利技术与工业应用之间的距离。一般而言，技术发展阶段包括构思、设计、样品、中试熟化及工业化生产阶段。处于不同发展阶段的专利技术，其价值也不同。每经历一个发展阶段，原有技术价值增加，但进入工业化生产阶段后，技术逐步开始进入衰退期或已经开始进入衰退期，则该专利的价值变低
技术可替代性	指专利技术是否存在可替代的技术选择以及可替代技术的数量。可替代的备选技术越多，则该专利的价值越低
技术适用范围	指专利技术可应用的产业领域。能够应用于不同产业或应用于同一产业但能生产多种产品的技术，应用范围更广，其价值越高
配套技术要求	专利技术实施通常需依靠相关技术的配合并满足一定的技术条件。若配套技术不存在、不成熟或技术条件不满足工业化生产要求，均将影响待评估专利技术的价值

3. 经济价值度

经济层面，由于专利制度的功能是保障专利权人获得的收益可以补偿其为发明创造付出的成本。因此，技术开发成本及获取收益的能力均会对专利资产的价值构成影响，具体因素如表4-3所示。

表 4-3 影响专利价值的经济因素

经济因素	说明
成本费用	指待评专利技术研发过程中投入的各项成本及费用。评估结果用作企业内部分级管理的依据时，可不涉及此项因素
收益情况	包括通过专利技术的自行实施相比不采用专利技术所带来的新增收益和通过专利许可等方式带来的收益。评估结果用作企业内部分级管理的依据时，主要考虑自行实施的规模或未来的应用规模、外部使用的方式及应用规模
市场供求关系	对专利技术资产而言，造成稀缺的情况主要有两种：一是若该技术属于先进技术，其他技术无法替代，形成技术垄断；二是该技术为基础技术，对于从事相关生产的企业，必须得到技术许可。评估结果用作企业内部分级管理的依据时，可不涉及此项因素
相关专利市场价值	相关技术的市场价值将直接影响待评技术的价值。评估结果用作企业内部分级管理的依据时，可不涉及此项因素
行业价值影响	市场容量的大小、市场前景、市场竞争状况及产品供需状况等因素将影响待评估技术的获利额，从而对技术资产价值构成影响。评估结果用作企业内部分级管理的依据时，可不涉及此项因素

专利价值技术维度和经济维度的评价，与开展评价的时间节点、专利权人自身所处的领域、市场、产业链位置、技术路线演进等因素密切相关。同一项专利技术，专利权人由不同主体在不同时间点评价，其评价结果可能相去甚远。也就是说，专利的价值具有相对性和动态变化的特点。

2016 年 8 月，首次 5G 标准编码技术研讨会在瑞典哥德堡举行。从提交的标准提案来看，主要涉及三大技术路线，分别是三星和高通公司支持的 LDPC 码，华为公司支持的 Polar 码，以及 LG 和爱立信公司支持的 Turbo 码。经过三个多月的博弈，2016 年 11 月，第三轮会议讨论确定 5G 标准的通信信道编码采用 LDPC 技术，控制信道编码采用 Polar 技术。显然，在标准最终确定采用何种技术前后，这些公司针对三大编码技术专利的评价结论会存在显著差异。正因为专利价值的动态特征，在管理实践中，通常会定期或在重要事件节点，例如技术路线改变、市场环境变化时，对相关专利价值进行重新评价。

评价因素透出的端倪

根据前面所述的专利价值评价的不同维度及影响因素，大型企业往往自行设计专利价值评价指标体系，用于自身专利的价值评价及分级管理。例如，国家电网公司印发了《专利价值评价手册》，用于指导下属各单位开展专利价值评价工作，并进一步将评价指标、评价方法总结形成国网公司的企业标准《专利价值评价导则》。同时，国内外的知识产权主管部门也通过发布国家标准、工作指引等方式，向广大中小企业提供免费的评价工具。

2002 年，丹麦专利局与哥本哈根商学院教授扬·穆里岑（Jan Mouritsen）合作研发了一款评估专利和技术项目价值的工具 IPScore。该工具后来被欧洲专利局购买并在其官方网站上向公众免费提供。IPScore 参考了法律、技术、市场、财务和战略五个维度的 40 个因素对专利价值进行评价。

1. 法律维度

该维度关注专利作为法律文件维持和行使专利权的法律基础以及专利权人的相关能力，具体包括专利在授权过程中所处阶段、权利要求保护范围大小、剩余有效期、是否涉及侵权诉讼以及是否拥有权利主张的举措等。

2. 技术维度

该维度重点围绕专利技术进行全方位的评价，包括专利技术是否能被其他技术所替代、侵权产品是否容易生产、该技术是否经过测试以及该技术的实施是否需要新的生产技能或设备等。

3. 市场维度

该维度涉及当产品采用专利技术时，影响专利技术及相关商业机会的市场营销的各种因素的评估，重点关注相关市场及增长情况、专利技术预期市场寿命、竞品情况、支付意愿、专利技术带来的潜在营业额增长、许可机会等。结合专利的法律地位和技术前景，这些因素能全面反映专利技术的潜在价值，而其部分评估结果可作为财务预测的参考。

4. 财务维度

该维度旨在确定专利技术如何影响其被投入使用的商业领域的财务结构，重点关注相关投入、成本及利润贡献等。

5. 战略维度

该维度侧重结合定性评价和财务评估，确定专利对公司的影响与贡献，分析专利应用方式和目的，重点关注对现有及新市场的地位影响、对竞争对手的制约、与公司战略的契合度等。

五个维度的具体评价因素见表 4-4~ 表 4-8。

表4-4 IPScore法律维度评价因素

因素	问题	选项1	选项2	选项3	选项4	选项5
A1	专利目前的状态如何	尚未申请专利	提交专利申请	完成新颖性检索和可专利性评估	授予专利	异议期已结束
A2	专利法律地位的强度如何	无新颖性检索	"快速粗略"的检索（简单数据库检索）	国家专利行政部门开展的新颖性检索或类似检索	国际的新颖性检索	新颖性检索和侵权检索
A3	专利的剩余有效期多长	专利剩余有效期为0~2年	专利剩余有效期为2~4年	专利剩余有效期为4~8年	专利剩余有效期为8~12年	专利剩余有效期超过12年
A4	专利权利要求有多宽泛和全面	权利要求很窄，很具体	权利要求比较窄	权利要求合理宽泛	权利要求具有广泛的包容性	权利要求包含通用工作原理
A5	专利的地理覆盖范围是否包括相关市场	专利保护仅在单一国家市场	专利保护在少数市场区域国家	专利保护在大多数市场区域国家	在所有现有市场区域国家具有专利保护	在所有现有和潜在的相关市场区域国家具有专利保护
A6	是否对专利进行监控以识别侵权行为	不对侵权行为进行监控	通过销售代理的报告进行随机监控	对选定的竞品进行一定程度的系统监控	对市场进行系统监控	正规化的全球监控
A7	争议和诉讼在业务市场中是否常见	诉讼非常常见	存在诉讼	争议常见	存在争议	争议和诉讼不常见

第 4 章　IP 运用：价值评价要素与实现手段

（续）

因素	问题	选项 1	选项 2	选项 3	选项 4	选项 5
A8	公司是否有执行专利权的手段	整体上执行专利权的成本太高，难度太大	在重要市场的选定国家执行专利权	针对选定的竞争者执行专利权	若非费用过高，专利权几乎都能执行	专利权始终得到执行

表 4-5　IPScore 技术维度评价因素

因素	问题	选项 1	选项 2	选项 3	选项 4	选项 5
B1	该发明是一项独特的技术吗	与现有技术相比，该发明作用甚微	与现有技术相比，该发明具有一定的改进效果	与现有技术相比，该发明具有改进效果	该发明具有实质性改进效果和突破性	该发明可改变行业的运作/工作方式
B2	该发明在技术上是否优于替代技术	该发明所在领域存在新技术、替代技术和主导技术	替代技术的范围相当广泛	存在替代技术，但使用范围有限	存在尚无竞争力的替代技术	没有已知的替代技术
B3	在多大程度上对该发明进行了测试	该发明已通过计算进行了理论测试	进行过实验/决性测试	生产测试已完成	生产运行中	全面生产
B4	专利技术是否需要新的技能、资格或生产设备	专利要求采用全新的生产工艺	利用专利技术前，需要对实质进行开发	利用专利技术前，需要开发一些生产工艺	利用专利技术前只需对生产工艺稍作开发	专利可在现有生产技术下使用

(续)

因素	问题	选项 1	选项 2	选项 3	选项 4	选项 5
B5	专利技术商业化需要多长时间	5年	2年	1年	半年	0年，已就绪
B6	侵权山寨产品容易产吗	专利技术易于识别，复制和生产	专利技术易于复制和生产	专利技术相对容易识别、复制和生产	专利技术复杂，难以复制和生产	专利技术复杂，极难复制和生产
B7	侵权山寨产品是否容易识别	极难识别侵权山寨产品	困难但并非不可能识别侵权山寨产品	相对容易识别侵权山寨产品	容易识别侵权山寨产品	极易识别侵权山寨产品
B8	技术的部署是否依赖与他人的许可协议	专利的使用依赖大量与竞争对手签订许可协议	专利的使用依赖与竞争对手签订一些许可协议	专利的使用依赖与竞争对手签订任何特定许可协议	专利的使用依赖许可协议，但与竞争对手无关	专利的使用不依赖任何许可协议
B9	技术是否具有营销价值（客户价值）	专利改进了产品的实用价值，但价值很难传播	专利改进了产品的实用价值，但价值难以传播	专利改进了产品的实用价值，且价值可传播	专利提供了产品实用价值的轻度改进，且易于传播	专利提供了可用于产品营销的显著特征

表 4-6 IPScore 市场维度评价因素

因素	问题	选项 1	选项 2	选项 3	选项 4	选项 5
C1	市场选择如何	专利技术没有已知的市场	专利技术尚未有特定的目标市场	专利技术拥有众所周知的市场	拥有众所周知的市场，且市场可明确定义	拥有众所周知的市场和其他可见的重要市场
C2	使用专利技术的业务领域的市场增长情况如何	很低（0.5%）	低（2.5%）	中等（5%）	高（8%）	非常高（15%）
C3	专利技术在市场上的预期寿命有多长	0.5 年	1 年	2 年	4 年	8 年
C4	市场上是否活跃着竞品或替代产品	竞争性或替代性技术高度发展	很可能正在开发竞争性或替代性技术	有 50% 的可能性正在开发具有竞争力的技术或替代技术	很可能在市场上形成排他性	在市场上的排他性基本确定无疑
C5	与现有已知产品相比，消费者愿意支付的最终销售价格是多少	可实现的销售价格明显低于竞争对手的价格	价格低于竞争对手	价格与竞争对手相同	价格高于竞争对手	价格明显高于竞争对手

（续）

因素	问题	选项 1	选项 2	选项 3	选项 4	选项 5
C6	利用该专利技术可为业务领域带来多少潜在的额外营业额	极小（0.5%）	小（2%）	中等（4%）	高（6%）	非常高（10%）
C7	公司对应用潜力和商业机会有何了解	仅限于对应用机会的有限了解	初步了解应用潜力和商业机会	知悉应用潜力，但对商业机会的了解有限	知悉应用潜力和商业机会	公司充分知悉应用潜力和商业机会
C8	专利技术是否存在通过许可协议获益的预期	没有通过许可协议创造收入的相关预期	获得许可收入的可能性较小	通过许可协议获得收入人的前景/潜力良好	通过许可协议获得收入人的前景/潜力非常好	通过许可协议获得收入人的前景/潜力极好
C9	商业化活动是否需要特别许可证/执照	需要许可证/执照，主管部门已拒绝	许可证/执照申请尚未提交主管部门或已提交但暂时被拒绝	已向主管部门提交许可证/执照申请，尚未答复	主管部门批准了有限期许可证/执照	主管部门批准了终身许可证/执照，或在市场上销售专利/产品无须许可证/执照

表 4-7 IPScore 财务维度评价因素

因素	问题	选项 1	选项 2	选项 3	选项 4	选项 5
D1	如果不使用专利技术，能否维持相关市场中现有业务领域的产出	没有专利技术也能保持100%的业务产出	无专利技术可保持75%的业务产出	无专利技术可保持50%的业务产出	无专利技术可保持25%的业务产出	无专利技术，无业务产出
D2	未来必要的开发成本是多少	投资额极高（占营业额的30%）	投资额非常高（占营业额的15%）	投资额高（占营业额的8%）	投资额中等（占营业额的2.5%）	投资额低（占营业额的0.5%）
D3	实施专利技术的生产成本变化是多少	因使用专利技术增加30%	因使用专利技术增加15%	无增减	因使用专利技术减少15%	因使用专利技术减少30%
D4	生产设备需要多少投资	目前投资强度的120%	目前投资强度的110%	目前投资强度的100%	目前投资强度的70%	目前投资强度的50%
D5	公司是否有财力支付相关市场的专利维持费	在一个国家进行维护	在2~5个国家进行维护	在5~10个国家进行维护	在10~15个国家进行维护	在超过15个国家/所有潜在国家进行维护
D6	专利技术对公司利润的贡献是多少	少于累计利润的3%	累计利润的3%~10%	累计利润的10%~15%	累计利润的15%~25%	超过累计利润的25%

表 4-8 IPScore 战略维度评价因素

因素	问题	选项 1	选项 2	选项 3	选项 4	选项 5
E1	专利的目的是确保现有市场的地位吗	否	极小程度上	某种程度上	较大程度上	很大程度上
E2	专利的目的是赢得新市场吗	否	极小程度上	某种程度上	较大程度上	很大程度上
E3	专利的目的是形象塑造过程的一部分吗	否	极小程度上	某种程度上	较大程度上	很大程度上
E4	专利的目的是确保经营自由、保障自己的发展空间吗	否	极小程度上	某种程度上	较大程度上	很大程度上
E5	专利的目的是限制竞争性发展吗	否	极小程度上	某种程度上	较大程度上	很大程度上
E6	公司是否将专利用于许可或销售协议	否	极小程度上	某种程度上	较大程度上	很大程度上
E7	专利是否属于公司的核心技术领域	否	极小程度上	某种程度上	较大程度上	很大程度上
E8	专利与公司的业务战略是否相一致	否	极小程度上	某种程度上	较大程度上	很大程度上

深入分析这些评价因素后，我们不难发现，专利价值评价实质上是从多个维度对专利技术进行全面审视的过程，包括考量专利技术的实施可行性、成本投入、投入产出效益、商业目标实现能力、潜在商业机会以及与企业业务战略的契合度等。通过这些问题的回答，应当如何利用专利的答案也呼之欲出。专利价值评价不仅能够为专利资产盘点、分级管理提供有力支持，还能为有效盘活沉睡专利、优化专利资源配置提供解决方案。

近几年，高价值专利一词非常火，在政府"高质量创造、高效益运用"的指挥棒下，各地出现了很多高价值专利培育工程或项目，也引发了业内对高价值专利的热议，纷纷希望能够出台"高价值专利"的具体评判标准。2021年10月，国务院发布了"十四五"国家知识产权保护和运用规划，明确将五类发明专利界定为高价值专利：①战略性新兴产业的专利；②在海外有同族专利权的专利；③维持年限超过10年的专利；④实现较高质押融资金额的发明专利；⑤获得国家科学技术奖或中国专利奖的专利。尽管这一标准在区域统计层面或许有其实用性，但在企业层面却并不适用。正如前文所述，专利价值本身是动态变化的，专利价值的高低取决于对企业的经营发展是否真的有用、有何种用处、有多大用处。依据企业自身经营战略和创新战略对专利的价值需求，设定有针对性的专利价值评价因素，才是企业培育和筛选自身高价值专利的不二法门。

专利不应只是"束之高阁"的法律文件或工作总结和宣传材料中的数字点缀。专利价值评价能够为"清理专利成果"和重新评估专利中沉睡的机会提供思路。例如，专利中是否蕴含着新产品或新服务的机会？能否向非竞争者甚至竞争者提供许可？这些都是在专利价值评估过程中应该引发的思考，从而找回被遗忘的宝藏。企业可以利用专利价值评估工具作为知识产权管理的基础,从而发掘隐藏在企业专利和技术能力中的价值。

IP 到底值多少钱

除了对价值度的评价,部分知识产权的商业化应用,例如开展对外转让、许可、作价入股、质押贷款之前需要评估其货币价值,尤其是国有企业和上市公司的资产收购/出售、对外投资、并购重组等。评估知识产权的货币价值时,常见的评估方法包括成本法、收益法和市场法三种。

1. 成本法

成本法,首先确定被评估资产的重置成本,即在评估时点的生产力发展水平下为重置与被评估资产相同或类似的全新资产所付出的代价,然后估测被评估资产已存在的各种贬值因素,并将其从重置成本中扣除而得到被评估资产价值。无形资产评估理论认为,无形资产的价值以及人类创造性智力劳动的成果很难以简单的劳动成本来衡量,成本不一定能真实地反映知识产权对产品或企业的经济贡献。从上市公司公开的无形资产评估报告来看,成本法在商标、版权和专利评估领域也有一定的应用,例如在资产形成初期收入现金流或经济利益无法精准衡量且成本信息和资料完善的情形下。

2019 年,中京民信(北京)资产评估有限公司受托评估北明软件有限公司拟以软件著作权出资涉及的四项软件著作权,评估对象为《检察院智能办案系统 V1.0》等四项软件著作权。考虑到其中三项软件著作权为外购取得且转让协议签订日期与评估基准日接近,自研取得的一项软件著作权,其历史研发成本资料完整,且能够通过研发成功时间和未来预计使用年限合理估算其贬值，故采用成本法进行评估。尽管同时采用了收益法，但考虑到被评估无形资产所依附的产品相关行业标准尚未确定，未来产业化应用及市场接受度可能会对其估值产生影响，故选择成本法的结果作为最终评估结论。

2. 收益法

收益法，通过估算被评估资产未来预期收益，采用适当的折现率折算成现值，借以确定被评估资产的价值。具体评估思路为：确定被评估无形资产的经济寿命期，即无形资产可以带来收益的时间；分析资产收益贡献方式，确认无形资产贡献收益的金额；采用合理的折现率将无形资产产生的收益折为现值；将收益年限内的收益现值加和，确定无形资产的评估价值。收益法是目前知识产权评估中应用最广泛的评估方法。

2021年6月，中资资产评估有限公司受托对大唐电信科技产业控股有限公司拟出资涉及的《一种接收定时检测方法及装置》等23项专利权的市场价值进行了评估。评估同样选用了收益法和成本法两种方法，收益法评估值为961.62万元，成本法评估值为560.00万元，两种评估结果相差401.62万元，差异率71.72%。评估报告称："由于技术的研发主要是为了取得收益而研发，成本法仅体现了研发过程中发生的费用，无法体现未来收益的取得，另外不是所有的研发都会形成专利、产生收益。因此，本次评估选收益法评估结果作为委估无形资产于评估基准日的市场价值的最终评估结论。"

3. 市场法

市场法，在市场上选择若干相同或近似的资产作为参照物，针对各项价值影响因素，将被评估资产分别与参照物逐个进行价格差异的对比调整，再综合分析各项调整因素，确定被评估资产的评估值。市场法适用的前提条件是要存在一个充分活跃的市场，存在可比的相同或相似交易案例，且交易行为是公平交易。由于我国技术交易和知识产权运营市场尚处于初级发展阶段，交易量和可供查询的交易数据有限，且知识产权交易大多属于交易方的保密信息。因此，评估时经常无法找到可靠的交易数据进行类比，市场法的适用场景大为受限。

无论采用何种评估方法，由委托人提供的市场预测、产品范围、收入预测数据、成本数据及相关支撑材料以及评估人员对价值影响因素的认定对估值均存在很大影响。同一件专利技术，同一家评估机构采用不同的评估方法，或委托不同的评估机构评估，估值可能相去甚远。更有甚者，评估值是根据委托方需要与评估机构提前商定的评估结论。多年前，我曾遇到一位热情洋溢的创业者，宣称其创业依托的专利技术价值过亿，已通过资产评估公司的评估。当看到这些专利的申请文件时，我想，这样的专利进入市场是绝不可能有人问津的。

事实上，真正的知识产权价值是市场交易的结果，而非评估的数字。2006年4月，Ocean Tomo公司举办了成立以来的首场专利拍卖会。在竞拍中，一家在美国开展有线电视业务的公司以154万美元的价格买走了名为"电影分发的装置和方法"的US5133079号专利。这件专利保护了一种向用户分发压缩的数字格式电影的技术，权利要求保护范围较宽，且1990年7月的优先权日也非常抗打。按照收益法的思路，要评出154万美元的估值，需预测该专利在剩余有效期内将能够带来评估值20~50倍的回报，即3 000万~7 500万美元的预期收益。如果在2006年初开展该专利权的评估，估计难有机构给出如此高的评估值，但它确是市场交易的真实价格！除了拍卖，更多的知识产权的交易价格是通过买方和卖方谈判的方式达成，但包含交易价格在内的信息通常属于交易双方的商业秘密而不为外部所知，这也是市场法适用受限的主要原因。

知识产权价值实现的常见手段

知识产权具有为企业带来某种经济收益的可能性，且与一般的无形资产相比，知识产权具有法律保护的、更加确定和更为丰富的收入获取能力。但如果要将这种实现收益的可能性变成现实，则需要创造促进知识产权实施和应用的条件，采取适宜的价值实现手段，为企业带来切实的收益。

一般来说，知识产权的价值实现手段主要包括自行实施、转让、许可、作价出资、质押融资、证券化等。2022年，全国专利转让、许可、质押等运营总次数达到50.7万次，涉及专利48.4万件；商标转让、许可、质押运营总次数为65.5万次，涉及商标63.3万件。

1. 自行实施

自行实施即将知识产权所涉及的知识、技术、标识等应用于企业的生产经营中，是我国当前最主要的知识产权商用化形式之一。知识产权的自行实施，旨在通过知识产权构筑保护门槛，排除或限制竞争对手及潜在竞争对手，提升品牌附加值，以赚取更多收益。前文所提到的可口可乐、云鲸智能等公司的案例均是自行实施其不同类型知识产权的典型。

《2023年中国专利调查报告》显示，2023年我国发明专利产业化率为39.6%，较2022年提高2.9个百分点；实用新型专利产业化率为

57.1%，较上年提高 12.2 个百分点；外观设计专利产业化率为 66.0%，较上年提高 7.3 个百分点。

2. 转让

知识产权转让，主要指知识产权的权利人将知识产权的所有权转移给受让方的行为，是以所有权流转为基础的知识产权价值实现的主要方式。在实践中，转让的标的物可以是单件知识产权，也可以是知识产权组合，包括专利组合、商标组合、著作权组合、专利与商标的组合、专利与商业秘密的组合等。

对转让方而言，知识产权转让是其知识产权直接变现的方式，需对拟转让的知识产权开展价值和风险评估。风险评估主要分析权利人对转让的知识产权是否存在技术依赖性，出售后对现有和未来业务是否构成不利影响，是否可能出现诉讼风险等。对受让方而言，相比自行申请所需的较长周期，购买知识产权是快速积累知识产权资产的有效方式。在购买过程中，同样需对拟受让的知识产权开展价值和风险评估，评估侧重点为权利人处置资格、权利稳定性、是否依赖第三方知识产权、知识产权质量、知识产权保护强度等。

2023 年，我国专利转让次数 39.1 万次，其中发明专利转让次数占比 43%，但发明专利转让费用不足 10 万元的比例超九成，而美国专利转让的成交均价约为 18 万美元。从转让行为来看，第一类是高校或科研院所向企业的专利转让，除部分确因成果转化所需外，仍存在不少仅为获证以满足高新企业认证等相关资质要求的转让活动。第二类是企业业务剥离、出售伴随的专利转让。如 2017 年，东芝将其子公司东芝存储器株式会社的全部股权转让给了由贝恩资本主导的企业联合体旗下的 Pangea 公司。到 2022 年，东芝存储器进一步将多项专利，包括与其他企业如 SK 海力士共有的专利权，也转让给了 Pangea 公司。第三类是企业内部因业务重组、资本运作或其他管理需要进行的转让，包括集团内子公司之间、母公司和子公司之间的转让等。此外，还有部分转让活动是知识产权运营机构开展的收储交易、融资租赁业务。

3. 许可

知识产权许可，是以使用权流转为基础的知识产权价值实现的方式，包括独占许可、排他许可和普通许可。独占许可是指在约定时间和范围内，只有被许可方有权使用某项知识产权，许可方和任何第三方均无使用权。排他许可是指只允许被许可方在约定时间和范围内使用知识产权，许可方不能再授权第三方，但保留自身使用权。普通许可是指许可方授权被许可方在规定范围内使用知识产权，同时保留自己和第三方的使用权。根据不同的商业目的，实务中还会出现交叉许可，即当事人可约定互为许可方与被许可方，彼此授予对方知识产权使用权的许可。例如，2022 年，华为公司与 OPPO、三星签署了全球专利交叉许可协议，体现了双方企业对知识产权的相互尊重、对专利价值的相互认可。

知识产权许可对权利人而言能带来持续且利润率高的回报，助力企业回收研发投入。对被许可人来说，它是迅速切入新行业、采纳先进技术、实现经营自由的高效途径。

杜比实验室（Dolby）一直致力于高品质影音技术的研发，授权客户将其应用于产品中，以增强电影、电视、音乐和游戏的影音体验。2023 财年，该公司营业收入约 13 亿美元，其中许可收入约 12 亿美元，占总营收的 92%，而许可成本为 0.65 亿美元。相比而言，产品和服务的营收仅为 1.02 亿美元，而成本却高达 0.88 亿美元。

杜比实验室的许可收入基于其强大的专利和商标组合，截至2023年9月29日，杜比实验室在全球超过100个国家和地区拥有大约19 300项授权专利和1 900项专利申请，覆盖了客户生产、分销或销售许可产品的多个国家和地区。杜比实验室还不时通过战略性收购加强其专利组合。商标方面，杜比在世界各地拥有约1 600项注册商标，包括文字、图形、标语商标等，涵盖其各种产品、技术、改进、功能及提供的服务。这些商标是杜比许可计划不可分割的组成部分，被许可人通常会选择在其产品上使用杜比的商标，以告知消费者采用了杜比的技术并符合其质量标准，这也是我们在观影或刷剧后常常看到杜比相关标识的原因。

在商业领域，选择自主研发还是通过获取专利许可快速推出产品，从来都是企业在创新发展路径上的商业选择，而非只是知识产权问题。更何况，自主研发的技术并不代表一定不侵犯他人的知识产权。对于产业后进者，特别是身处信息通信等专利密集型产业的企业，由于跨国公司长期把持大量核心专利，相比片面强调自主创新，通过专利许可的方式换取市场准入机会和入市时间可能更切实有效，在开放创新的大势下尤其如此。

"在创新过程中，我们要在有限的生命里，吸取更多能量，缩短创造财富的时间，节省创造财富的精力。如果别人合理收取我们一点知识产权费，其实相对更便宜，狭隘的自主创新才是贵的。"这段话出自2015年华为公司CEO任正非与公司法务部、董秘和无线部门员工座谈时的讲话。座谈会的起因源于任正非看到了知识产权部一位员工所写的文章《华为：一年交3亿美元专利费划算》，这篇文章后来直接作为华为公司总裁办电邮2号签发。

2000年前后，华为开始进入国际市场，发现国外极其重视知识产权。当时中国即将加入世界贸易组织，通信行业的跨国公司纷纷找华为收取专利许可费。华为开始真切体会到，知识产权是企业竞争的法宝，是进入全球市场竞争时必须具备的核心能力。

在当时手上基本没有专利的情况下，为进入国际市场，华为决定遵照国际通行的规则，主动寻求国外公司获得专利许可，商谈适当降低费率，共同做大产业，单向、主动交费。到2014年，华为每年缴纳的专利许可费已达3亿美元，同期全球销售收入达到400亿美元规模。通过每年3亿美元的专利许可费，换来400亿美元全球市场的经营自由，所谓的"划算"即来源于此。

对于拟在科创板上市的企业，知识产权转让及许可需审慎对待，即便早期通过知识产权转让快速获取了部分发明专利，也应同步加快自研知识产权的布局申请，以免在上市问询中遭遇核心技术来源、资产独立性、技术依赖性、持续创新能力等方面的挑战。

4. 作价出资

知识产权出资，是权利人以知识产权作为对价换取公司股权的行为，包括以知识产权出资成立新公司和以知识产权出资增持现有目标公司股权两种情形。《公司法》第四十八条是知识产权作价投资的法律依据，其规定"股东可以用货币出资，也可以用实物、知识产权、土地使用权、股权、债权等可以用货币估价并可以依法转让的非货币财产作价出资"。

为了促进高新技术产业发展，《公司法》历次修订中不断提高了无形资产出资的比例直至取消限制：1993年为20%，2005年为30%，2013年取消了最高比例限制。取消限制，理论上知识产权出资比例可以达到 100%，但并不意味着知识产权出资比例越高越好。公司的起步发展需要资金、技术、人员等多方面的保障，出资入股的知识产权通常离最终产品化还有不小的距离。知识产权出资比例应当综合考量各方的投入和贡献，尤其是为未来实际参与公司经营管理的核心团队留足空间。

5. 质押融资

知识产权质押融资，是指企业以合法拥有且有效的知识产权作为质押物从银行获得贷款的一种融资方式。知识产权质押融资旨在帮助科技型中小企业解决因缺少不动产担保而带来的资金紧张难题，可在一定程度上缓解创新型中小微企业的融资难、融资贵问题。知识产权质押融资的基础法律关系较为简单，是一种基于债权的融资方式，即银行等机构作为债权人向债务人融出资金，债务人或第三方以著作权、专利权或商标权等知识产权中的财产权作为质押物，对债务提供质押担保。

在国家和地方政策的助推下，2023 年，专利商标质押融资规模达到 8 539.9 亿元，同比增长 75.4%，涉及企业 3.7 万家。近三年来我国知识产权质押融资发展情况如图 4-1 所示。

	2021年	2022年	2023年
全年授权发明专利	69.6万件	79.8万件	92.1万件
全年注册商标	773.9万件	617.7万件	438.3万件
全年专利商标质押融资登记金额	3 098亿元	4 868.8亿元	8 539.9亿元

图 4-1　我国知识产权质押融资发展情况

资料来源：国家知识产权局。

6. 证券化

知识产权证券化是近年来较新的知识产权金融产品,是指发起人将知识产权所产生的现金流通过集合组成知识产权基础资产池,通过对资产池的转让和信用增级,由特殊目的载体(SPV)发行以知识产权所产生的现金流为支撑的金融产品的过程。目前来看,国内尚无以知识产权作为基础资产直接转让给 SPV 的证券化产品,主要是将知识产权许可等合同的债权作为基础资产向 SPV 转让,例如,将未来五年专利独占许可的收益权出售给 SPV。

2019 年 9 月,以纯专利许可为底层资产的知识产权证券化项目——"兴业圆融–广州开发区专利许可资产支持专项计划"在深圳证券交易所发行设立,底层基础资产为广州开发区内科技型中小企业专利许可费债权,涉及区内高新兴科技、万孚生物等 11 家科技型中小企业,底层知识产权包括 103 件发明专利和 37 件实用新型专利,通过该项目每家企业能够获得 300 万 ~4 500 万元的融资款项。

截至 2022 年底,沪深交易所共发行 91 单知识产权证券化产品,发行规模 210.04 亿元,占我国企业资产证券化市场发行规模的 0.3%。知识产权证券化产品能否成功发行,取决于证券化资产的品质。知识产权权利状态和权利价值的不稳定性,决定了知识产权证券化资产的现金流不稳定。同时,由于目前融资主体多为中小企业,导致证券化项目落地时常需要额外的增信机制,融资成本较高。

综上,知识产权作为企业的重要资产,价值实现的方式可简单归纳为三类:第一类是产业化方式,基于在自身产品中使用知识产权,通过产业化创造增额收益;第二类是商品化方式,基于知识产权的商品属性,通过知识产权转让和许可在交易过程中创造价值;第三类是金融化方式，基于知识产权的资产属性，通过作价出资、质押融资和证券化等活动发挥知识产权的投融资价值。无论何种方式，对知识产权的商业化应用，始终应当围绕商业目的，回归企业所需知识产权实现的价值。

特斯拉：免费开放也是一种玩法

前文列举了三类实现知识产权价值的方式。但需注意的是，不要僵化地套用这些方式。记住第 1 章所言，不是知识产权能做什么，而是需要知识产权做什么。

2014 年 6 月，特斯拉 CEO 埃隆·马斯克在其博客上发表了一篇题为《我们所有的专利都属于你》的文章。他说："就在昨天，特斯拉专利还被封闭在位于帕洛阿尔托的公司总部内。从今往后，这种局面将不复存在。我们本着开源运动的精神，开放我们的专利，目的是推动电动汽车技术的进步。"

专利开放消息一出，特斯拉赢得了来自业界的诸如"颠覆""史无前例""有勇气的创举""值得尊重"等评价和赞誉，华尔街的反应较为积极，特斯拉的股价上涨 1.42%。那么，问题来了，马斯克真是准备做电动汽车业的"活雷锋"吗？显然不是！

专利开放，是商业推广用语，法律意义下属于一种特殊的专利许可方式。开放者仍保留专利权，但允许免费使用，通常会附带如马斯克所说的善意使用等条件，其实质是授予实施专利技术的权利，并在特定条件下放弃对未经授权使用的追诉权，但并不意味着放弃专利所有权。

专利开放最早可以追溯到 20 世纪 50 年代。1956 年，贝尔实验室的母公司 AT & T 为保住运营全美电话业务的垄断地位，在与美国政府达成的协议中同意开放其全部专利组合。也就是说，贝尔实验室将其已有专利免费许可给任何一家美国公司。美国在电子产品方面取得的众多成功最终都可以追溯到这份具有里程碑意义的协议。

回到特斯拉的案例。从美国汽车市场来看，2012年，全美销售的电动车为5.85万辆，仅占新车总销量的0.4%；2013年，全美电动车总销量9.6万辆，占比依然不足总销量的1%。从全球市场来看，2010~2013年，全球电动汽车市场累计销量约为50万辆。仅2013年一年，全球燃油汽车的销量首次突破8 000万辆，而特斯拉"Model S"纯电动车的全球销量仅为2.23万辆。可以看出，电动汽车在整个汽车行业中所占比重不足1%，尚处在行业发展的起步阶段。

马斯克对此形势有着清醒的认识，特斯拉真正的竞争对手不是少之又少的其他品牌的电动汽车，而是每天从世界各地工厂"潮涌"而出的燃油汽车。若电动汽车无法实现规模化，即便特斯拉手握专利，也无法提升销量和销售收入，同时还会阻碍其他品牌汽车的销售，专利费也无处收取，高额的创新投入将付诸东流。

因此，通过开放专利技术撬动电动汽车产业发展、尽快实现产业规模的突破才是特斯拉开放专利技术的真正原因。作为一名企业家，马斯克绝不可能因为对专利的认知改变或是出于个人英雄主义而开放特斯拉的专利，其背后有着深层的商业动因，所谓的"我们所有的专利都属于你"的宣言也必然是深思熟虑后所做出的重要战略决策。

长期以来，将创新成果申请专利予以保护，利用专利制度赋予的技术垄断权，为竞争对手和潜在的市场进入者构筑专利门槛，是企业把专利作为竞争利器经常发挥的功效。但是，当企业的发展战略需要专利发挥新的作用时，专利可以有很多不同的玩法。就特斯拉的专利开放举措而言，至少可以在三个层面支撑特斯拉的商业战略。

1. 吸引同行一起做大市场规模

开放专利技术能够让电动汽车厂商降低产品研发成本，加速研发进程，同时还可能吸引更多的新玩家，一起做大蛋糕。2013年前后，美国电动汽车厂商Vogo、Coda、Fisker因资金、量产等问题先后宣告破产。受电动汽车市场低迷影响，美国能源部宣布重新调整奥巴马在2011年国情咨文中提出的2015年前实现100万辆电动车上路的目标。消费者一方面因电动汽车的续航能力、安全隐患等问题而不愿买单；另一方面，全球汽油价格逐渐趋稳，更让用户没有理由改变自己的消费习惯。

特斯拉开放自身的专利技术，某种意义上也是被外部环境倒逼的结果。通过降低行业进入门槛，吸引更多的同行丰富产品线，完善电动汽车的供应链，降低零部件成本，共同引导消费者消费习惯的改变，做大市场规模。作为电动汽车产业的领先企业，特斯拉必将是最早受益于产业规模扩大的公司。

2. 统一行业技术标准

特斯拉以开源精神为基础，利用其掌握并不断研发的关键技术，致力于打造电动汽车行业的通用技术平台。此举彰显了特斯拉构建电动汽车产业生态、掌控行业事实标准的巨大野心。

在电动汽车行业的起步阶段，除了电池续航能力的问题，标准不统一也是一大难题，特别是在电池和充电技术方面。技术缺乏统一标准将难以普及，导致零部件成本高企，且在产品量产阶段供应链无法得到充分保障。例如，仅充电接口标准就存在多种，日产、三菱等公司支持 CHAdeMO 标准，奥迪、宝马等多家车企支持 J1772 标准，而特斯拉则采用自家标准。电池方面，特斯拉选用松下的三元锂电池，而我国的比亚迪等电动汽车企业采用磷酸铁锂电池。标准不统一使得原本缺乏规模优势的电动汽车推广起来难上加难。

客观而言，凭借其技术优势和品牌知名度，特斯拉的专利技术对其他厂商具有强大吸引力。一旦越来越多的电动汽车厂商采用其专利技术，就等于认同并选择了特斯拉的技术路线，加入了特斯拉构建的产业生态圈，最终将大大提高特斯拉的技术标准成为电动汽车行业事实标准的可能性。这也是当时很多厂商对是否采用特斯拉的专利技术犹豫不决的重要原因之一。

更需警惕的是，当电动汽车主导市场后，特斯拉是否会改变其专利策略，通过收取专利使用费或其他手段来遏制竞争对手尚不可知，毕竟其曾高调宣传的终身免费充电政策已于 2017 年 1 月终止。如果真是这样，选择采用特斯拉专利技术的厂商就不得不面临"卡脖子"问题。

3. 提升市场谈判地位

特斯拉的技术标准越被广泛使用，消费者数量越多，它就会越快筹集到足够的"筹码"来进行市场谈判，从而进入任何期望进入的区域，甚至获得足够多的优惠政策。事实上，特斯拉首个海外工厂能够于 2018 年突破政策限制成功落户上海临港，正是与特斯拉在电动汽车行业的引领地位密不可分。2018 年 6 月，国家发改委和商务部共同发布了《外商投资准入特别管理措施（负面清单）（2018 年版）》，文件在原有规定"汽车整车制造的中方股比不低于 50%"的基础上，加了"除专用车、新能源汽车外"一项，为特斯拉在华投资扫清了最主要的政策障碍。

特斯拉开放专利后，未要求使用方进行登记、告知或签署协议。马斯克在后续采访中透露，已有不少公司采用了特斯拉的专利技术，但确切数量尚不明确。2020年是特斯拉的业绩转折点，全年营收达315.36亿美元，净利润7.21亿美元，成功扭亏为盈。相比之下，美国燃油车巨头福特公司2020全年净亏13亿美元，营收下跌18%。这一升一降、一盈一亏的对比，揭示了耐人寻味的行业趋势。

特斯拉开放专利后，各大汽车厂商纷纷效仿。2015年1月，丰田宣布无偿提供5 680件燃料电池相关专利的五年使用权，以推动燃料电池汽车的普及。显然，丰田正通过专利开放与特斯拉在新能源市场上展开技术路线之争。谁能赢得更多的技术跟随者，谁就更可能成为行业事实标准的掌控者，进而获得更多的市场份额和更大的行业影响力。

从这些企业的专利开放举措，我们不难看出，企业所拥有的专利、技术的价值不仅在于其自身，更在于如何转化成竞争优势，支撑企业经营和创新战略的实现。即便是早期开放专利的贝尔实验室，也是以此作为与政府达成协议以保住母公司市场垄断地位的重要筹码。同时，知识产权的策略应用不应仅局限于企业之间的单点交互，而应放眼整个行业，以获得更广阔的视野和格局。

第 5 章

产业布局

标准专利战略的打法

如果只有创新而没有适时的标准化,则创新的成果就很难转化为经济福利和未来创新的制度基础。

——达龙·阿塞莫格鲁(Daron Acemoglu)

标准专利问题的由来

所谓标准，是为了在一定范围获得最佳秩序，经协商一致制定并由公认机构批准，可共同、反复使用的规范性文件。这是国际标准化组织（ISO）、国际电工委员会（IEC）、国际电信联盟（ITU）三大标准化组织给出的标准定义。简言之，标准确立了产品和服务应遵守的普遍规范，以及各方自愿遵循的规则，旨在减少不必要的重复工作，降低交易成本。

标准化自古就有，是人类进入社会生活实践的必然产物。伴随着人类发展，标准由古代的"一法度衡石丈尺，车同轨、书同文字"，发展到支撑近代工业的规模化生产、劳动效率提升、有形物品（如零部件、螺纹）的互换与连接，再到服务于现代工业的产品质量、环境安全等各类技术和经济规则的建立，直至正在进行中的实现信息社会的万物互联。标准无处不在，从 A4 纸张尺寸到手机通信，从卫星导航到集装箱运输，从机场引导标识到银行数据安全，人们的衣食住行无时无刻不在使用着各类标准。

正因为标准的影响深远且广泛，如果说专利可以助力一家企业的发展，标准则能成就整个产业的繁荣。标准发展到现在，早已不单是业务层面技术规范的协调统一，而是成了国际贸易竞争、产业利益争夺的重要工具。国际标准更是因其对全球市场的巨大影响，通过强大的网络效应带来显著的规模经济效益，从而蕴含着无法估量的商业价值。

以移动通信标准为例，据 GSMA 智库预测，到 2030 年，全球 5G 采用率有望达到 54%，即实现高达 53 亿个连接。这一巨大的网络覆盖预计将为全球经济新增近万亿美元产值，惠及千行百业。在技术标准制定中，技术遴选不仅为入选技术方提供了强公信力的技术背书，也为市场指明了技术发展的方向，从而影响产业界对技术路线的选择和对未来商业运营的预判。标准作为市场竞争的源头，谁掌握了标准的话语权，谁就能够占据竞争的优势地位，因而有了"一流企业做标准"的流行语。

进入 21 世纪，苹果、华为、三星、爱立信等移动通信领域巨头之间的专利大战硝烟四起，小米、OPPO、VIVO、联想等终端企业在国内外也屡遭起诉，涉案金额动辄数亿元。通过分析这些诉讼的案件信息不难发现，标准必要专利是核心涉案专利。同时，该类专利在相关反诉和交叉许可中也发挥着十分重要的作用。因此，标准必要专利近年来已成为高价值专利的典范，在全球知识产权交易中占据超过 80% 的比重。

表面上看，专利和标准是两个相对独立的体系，彼此间没有直接联系，甚至可以说相互冲突。这是因为标准属于公共或准公共产品，强调公共性和成熟性，而专利保护私有权，强调排他性和创新性。然而，随着技术的不断进步和企业专利意识的显著提升，技术更替周期日益缩短，专利密集度也大幅提高。在那些标准对产业发展至关重要的行业中，具备强大研发实力和标准化能力的企业，不仅积极将创新成果申请专利，更进一步将专利技术推入技术标准，以此作为创新发展的核心策略。在这种情况下，标准化组织在制定标准时经常会面临不得不采用专利技术的情形。

何为"标准必要专利"

基本上，国内外的标准化组织对专利技术都采取了不提倡、不反对的态度。采取这种态度，某种意义上也是一种无奈之举。在这种无奈之下，标准化组织的知识产权政策设计变得格外重要。首先，既然标准制定越来越难绕开专利技术，专利等知识产权问题需要明确规则；其次，妥善处理标准化涉及的知识产权问题，能够促进标准的研制与实施；最后，通过标准知识产权政策的制定，标准化组织能够降低自身的法律风险。因此，标准化组织通常通过制定知识产权政策的方式规范标准制定中的知识产权问题，在尊重知识产权所有人权利的同时，保证社会公众的利益，也即追求知识产权权利人与社会公众之间的利益平衡。

不同标准化组织的知识产权政策各不相同，但内容主要包括标准必要专利的定义、披露和许可条款，其核心逻辑是标准化组织通过知识产权政策告知参与方关注的专利范围，如果参与方提交的标准文稿涉及相关专利，需要按政策要求进行披露并公布其许可意愿，以使标准化组织以及其他参与方能够初步评估引入该专利技术的风险和实施代价。

数字音视频编解码技术标准（Audio and Video Standard，简称AVS）工作组知识产权政策中采用了"必要权利要求"（Necessary Claim）这一术语，"必要权利要求"是指根据授权或公布专利的所在国法律，被最终AVS标准的符合部分不可避免地侵权的该专利中的某一权利要求，且仅限于该权利要求。专利的某一权利要求被不可避免地侵权，是指该侵权不可能在实施最终AVS标准时通过采用另一个技术上可行的不侵权的实施方式予以避免。

欧洲电信标准化协会（European Telecommunications Standards Institute，简称ETSI）采用了"必要知识产权"（essential IPR）这一概念。"必要性"是指基于技术（非商业）层面的理由，考虑到制定标准时的技术经验和技术发展水平，如果不侵犯这些知识产权，则符合该标准的设备或方法无法制造、销售、租赁、转让、修理、使用。为了避免歧义，在特例情况下，如果某个标准只能以某技术方案来实现，且该技术方案侵犯了某知识产权，那么该知识产权应当被视为是必要的。

互联网工程任务组（Internet Engineering Task Force，简称 IETF）采用"覆盖"的表述。覆盖（Covers or Covered）是指一项实现技术的实施（如制造、使用、销售、进口、分发、复制等）必然会侵犯到某项专利或专利申请的某项有效权利要求，或某受保护的权利要求，或其他 IPR。有效权利要求（valid claim）是指该权利要求所属的专利或专利申请尚未到期，且既未被撤回、撤销或放弃，也未被拥有足够司法权的法院的某项未上诉或不能上诉的裁决所无效掉。

综合几个标准化组织对标准必要专利或必要知识产权的定义，不难发现，无论采取何种表述，构成必要专利的核心都在于标准规定的技术方案落在专利权保护范围之内。可见，标准必要专利的判断实质上是专利侵权判定。也就是说，标准化组织关注的是未来在标准实施时不得不侵犯的专利。因此，必要专利的定义是知识产权政策的基石，因它确定了标准化组织关注的专利范围、会员专利披露和许可声明的范围，同时，也是后续标准实施过程中开展专利与标准相关性评估的基础。

那么，标准必要专利是不是平常所称之"标准专利"？

事实上，"标准专利"并非一个严谨的术语，它可以从狭义和广义两个角度来理解。从狭义上讲，"标准专利"可以被视作"标准必要专利"的非正式简称。而从广义的角度来看，"标准专利"可以理解为与标准相关的专利，这不仅包括标准必要专利，还涵盖了标准实现类专利和标准商业实现类专利。其中，标准实现类专利，指在标准中虽未明确规定，但实施标准只能通过专利技术来实现；而标准商业实现类专利，则指的是在实施标准时可能存在多种方案，但专利方案在商业上是可行或相对更优的选择。

近年来，因诉讼、许可而受到广泛关注的主要是标准必要专利。通信产业巨头之间的诉讼几乎均涉及标准必要专利。例如，在爱立信与苹果、三星的诉讼、高通与苹果的诉讼、爱立信与小米的诉讼、华为与三星的诉讼、诺基亚与 OPPO 及 VIVO 的诉讼中，标准必要专利都可谓战功赫赫。

2014 年初，三星迫于诉讼压力，与爱立信签署了新一轮专利交叉许可协议，三星的补偿促使爱立信一次性获得 42 亿瑞典克朗的营收，与后者 2013 年第四季度全部净利润相当。

2016 年 1 月，华为宣布与爱立信续签全球专利交叉许可协议，该协议覆盖了两家公司包括 GSM、UMTS 及 LTE 等通信标准的必要专利。同年 5 月，华为在深圳市中级人民法院和加利福尼亚州北区联邦地方法院同时发起对三星公司的知识产权诉讼，要求三星公司就其侵权行为进行赔偿，诉讼涉及 11 件 3G 及 LTE 标准的必要专利，2019 年双方和解。

标准必要专利的披露

在定义必要专利的基础上，标准化组织会对必要专利的披露做出规定。ITU/ISO/IEC 的通用专利政策规定，任何 ITU、ISO 或 IEC 的参与方应当从一开始就将其已知的自己或他人的专利和专利申请提请标准化组织注意。

ETSI 的知识产权政策规定，各成员应当尽合理努力，特别是在参与标准制订的过程中，及时将必要知识产权告知 ETSI。尤其是在提交技术建议时，成员应基于诚信原则提请 ETSI 注意，一旦其建议被采纳，相关知识产权可能成为必要知识产权。

中国通信标准化协会（CCSA）的知识产权政策规定，鼓励会员尽早披露会员及其关联者知悉的与标准有关的专利信息，以及会员或其关联者向其他标准组织提供的与标准或文稿有关的专利信息。

大部分标准化组织都要求其成员披露所拥有的必要专利信息，并设定了披露程序，但不同标准化组织在具体披露时机、披露主体、披露内容方面存在差异。也正因为这样的披露要求，标准化组织得以汇总所有披露的标准必要专利，并建立专利数据库，供公众检索某标准已披露的必要专利信息。

然而，即便这些是标准化组织的官方数据库，其中的标准必要专利信息也只能用做参考。原因如下：首先，标准必要专利的披露义务只能约束标准化组织的成员，尽管部分标准化组织也鼓励披露成员所获知的他人的必要专利，但大多数非成员的必要专利很可能未被含及。其次，标准必要专利的披露以及是否构成标准必要专利的判断均由专利权人自行决定，披露范围取决于专利权人的标准专利管理策略。例如，出于宣传技术创新实力的考虑，某公司采取较为宽松的原则披露标准必要专利，对所有相关专利均予以披露，导致不少专利并非真正的标准必要专利。最后，标准化组织不对声明的标准必要专利与标准的相关性进行查证。换言之，不能想当然地认为官网公布的专利已经过标准化组织的审核，并被其认定为必要。实际上，大多数标准化组织已通过知识产权政策明确表明，不承担检索和评价标准必要专利的义务。

因此，在实际操作中，常见的情况是，有些企业持有标准必要专利却未进行披露，或者所披露的标准必要专利其实并不满足必要性条件，甚至与标准毫无关联。这也正是为何披露的信息只能作为参考，而不能作为专业工作的确凿依据。

2005 年，高通公司向美国加利福尼亚州南区联邦地方法院提起诉讼，指控博通公司（Broadcom）生产和销售的采用 H.264 视频压缩标准的产品侵犯了其专利权。2001 年 6 月，为制定统一的视频压缩技术标准，ISO、IEC、ITU 共同设立了联合视频工作组 JVT。H.264 标准即由 JVT 组织制定，于 2003 年 5 月发布。高通公司作为美国国家标准学会（ANSI）的成员，通过 ANSI 参与并影响了 H.264 标准的制定，同时也是 ITU-T 的成员。2006 年，博通提交反诉请求，主张高通公司行为不当，违反 H.264 标准制定组织 JVT 的专利披露义务，导致其专利不具有法律执行力。

2007 年，地方法院判决博通并未侵犯高通专利权，并基于高通未向 JVT 披露专利的行为做出高通放弃实施专利权的结论。2008 年，美国联邦巡回上诉法院（CAFC）维持地方法院的判决，认为高通违反了披露义务，裁定高通的行为属于默示放弃，但 CAFC 修改了权利放弃的适用范围，认为放弃范围仅限于所有实施 H.264 标准的产品，而非面向所有产品。

CAFC 认为高通披露知识产权的义务源于三方面：第一，标准制定组织知识产权政策的明确要求；第二，知识产权政策的表意连同参与者的一般理解；第三，标准制定组织之上级组织的知识产权政策。

整体来看，大部分标准化组织都有及时披露的要求，而对违反披露义务的后果鲜有明确规定，但在实际主张权利的过程中，若事先未按照知识产权政策进行披露,将对专利权利的行使造成影响。

公平、合理且无歧视的许可

考虑到标准实施者因实施标准技术而不得不使用标准必要专利,而专利持有人可能利用其强势地位拒绝许可、索取高额许可费或者谋求其他明显不合理的利益,为了平衡专利权人与标准实施者之间的利益,标准化组织在许可承诺方面提出了著名的公平、合理且无歧视原则,即 FRAND(Fair,Reasonable And Non-Discriminatory)原则。

ITU/ISO/IEC 的通用专利政策规定,若在标准制定中披露必要专利,专利权人需承诺愿意基于无歧视的原则及合理条件与他方进行免费或不免费的许可协商。若专利权人无法做出承诺,则标准不能包含任何依赖专利技术的内容。

ETSI 的知识产权政策规定,对于标准或技术规范相关的必要知识产权,权利人应提供书面承诺,保证针对该知识产权,将基于 FRAND 原则授予不可撤销之许可。ETSI 还规定,如果在标准或技术规范公布前不提供许可,则寻找可行的替代技术,若找不到替代技术,将停止标准或技术规范工作。如果在标准或技术规范公布后不提供许可,则将修改标准或技术规范以使必要知识产权不再必要。

标准化组织知识产权政策中列举的许可承诺通常包括基于 FRAND 原则免费许可,基于 FRAND 原则协商许可和不许可。实践中,提供何种类型的许可承诺,往往取决于标准化组织的知识产权政策、专利权人标准专利策略以及相关行业标准专利的使用惯例等因素。例如移动通信领域,大多数企业会承诺基于 FRAND 原则协商许可,而在互联网领域,免费许可承诺则较为常见。若权利人拒绝许可,标准化组织通常会寻求其他替代方案或者搁置标准。

从涉及标准必要专利的诉讼来看，必要专利的许可费率是否符合 FRAND 原则往往是案件的争议焦点。公平，指占有主导地位的公司不能在相关市场利用知识产权许可限制竞争；合理，指专利许可费用在标准实施者的成本与专利权人之间的利益是平衡的；无歧视，指在许可协定中，无论被许可人是谁，基本的许可条件应该相同。

2023 年 3 月，英国法院关于 InterDigital 诉联想案件的判决中，一审法院判决 InterDigital 所持有的 3G、4G 和 5G 标准必要专利组合的混合许可费率为每蜂窝单元 0.175 美元。诉中，InterDigital 主张的混合许可费率为 0.498 美元 / 单元，并提供了 20 份与规模相对较小的被许可人达成的许可协议，联想主张的许可费率为 0.16 美元 / 单元，并提供了 7 份 InterDigital 与大型被许可人的许可协议。

综合考虑双方提供的协议中被许可人的业务规模、许可年份、许可范围和许可地域等因素，一审法院认定联想提供的协议具有可比性，从中选取了 LG 与 InterDigital 签署的"LG 2017"协议作为"最佳可比协议"，直接采用协议中的单位混合费率（0.24 美元 / 单元）作为许可费率计算的基础，并进一步考虑到销售地域中成熟市场和新兴市场的分布因素，设定了 0.728 的调整因子，最终确定 0.175 美元 / 单元的单一混合费率。尽管双方均对一审判决表示肯定，但鉴于对各自利益的进一步诉求，双方均提出了上诉。

2024 年 7 月，上诉法院对该案作出判决。上诉法院部分支持了 InterDigital 的上诉请求，认为一审法院在确定许可费率时未能充分考虑非 FRAND 因素的影响，所采用的混合费率包含了针对过去销售的折扣许可费率，故改为采用协议中的未来销售费率（0.61 美元 / 单元）

为基准并进行了适度下调。最终，上诉法院将每蜂窝单元的许可费率从一审判决的 0.175 美元上调至 0.225 美元，判决联想应支付的许可费总额为 1.783 亿美元，预计在复利计算下，支付金额约为 2.4 亿美元。

"可比协议法"是确定标准必要专利许可费率是否符合 FRAND 原则的常用方法，在上述案例中，英国法院采用的可比性检验标准与中国司法实践基本一致。广东省高级人民法院《关于审理标准必要专利纠纷案件的工作指引（试行）》规定，可比性应考虑许可交易的主体、许可标的之间的关联性、许可费包含的交易对象及许可谈判双方真实意思表示等因素。在华为诉 InterDigital 案中，广东省高级人民法院基于华为与苹果在产品销量上的相似性以及苹果协议并非在诉讼背景下达成的因素，采纳了苹果协议作为可比协议。

从某种意义上来说，FRAND 原则现在差不多也是"国际标准"，标准必要专利的许可大多遵循 FRAND 原则，实践中虽然操作性欠佳，但容易被参与制定标准的成员接受。

标准必要专利的培育

在近 20 年的咨询实践中，我时常遇到技术大咖因参与编写标准并申请了相关专利，就自认为拥有标准必要专利。然而，在提交专利池进行必要专利评估时，他们的专利却往往无法通过认定。同时，我也注意到，许多企业的标准制定与专利申请工作长期分离，各自为政。当标准专利战略变得热门或遭遇诉讼威胁，需要梳理标准必要专利时他们才惊觉，尽管制定了大量标准并申请了众多专利，但真正符合标准必要专利条件的却寥寥无几。

前文谈到标准化组织的知识产权政策通常会对标准必要专利或必

要权利要求进行明确定义，以表明标准化组织关心的专利范围。不同的标准化组织对"必要"的定义略有差异，但总体来说，标准必要专利主要指标准规定的技术方案落在专利权保护范围之内的专利。也就是说，必要性评估的实质是专利侵权判定，即依据专利侵权判定原则，判定标准文本所描述的技术方案是否会不可避免地落入专利的保护范围。

以中国的必要专利评估为例。在判断一项中国专利是否是标准必要专利时，将依据《中华人民共和国民法典》《中华人民共和国专利法》《最高人民法院关于审理专利纠纷案件适用法律问题的若干规定》等法律法规及司法解释，对标准文本描述的技术方案与待评估的专利权利要求进行技术特征的逐一对比分析。

标准必要专利判定的基本工具是权利要求对照表（Claim Chart，简称CC）。权利要求对照表在传统的专利侵权判定中早已广泛使用。由于标准必要专利的评估是专利侵权判定过程，因此权利要求对照表作为反映专利权利要求所保护技术方案的各个技术特征与特定技术标准所描述的技术方案对比情况的表格文件，是评价专利与标准对应关系的重要工具，用以判定专利是否构成特定标准的必要专利。

开展专利权利要求与标准文本的对应关系分析分为三个步骤：

步骤一：对权利要求进行分解，将权利要求分解成若干特征。

步骤二：在标准中寻找与技术特征对应的描述。

步骤三：将权利要求的技术特征与标准文本中的对应描述逐个对比。

对于方法类的权利要求，可以按步骤来分解技术特征；对于产品类的权利要求，可以按产品的部件和连接关系来分解。在分解时，权利要求的所有技术特征都必须存在于分解后的技术特征中，不能随意丢弃任何技术特征，例如丢弃权利要求中的前序或尾声步骤，也不能为了与标准文本对应而将两项权利要求中的技术特征相组合。

掌握标准必要专利的评估方法，即手握了开启培育标准必要专利之门的金钥匙。如前所述，不少企业的标准化工作出色，标准文稿广受认可，专利管理也井然有序，但却未能被认定为标准必要专利，其原因在于未深入理解标准必要专利的判定准则。标准化工作与专利申请虽各自独立运行，却需紧密联动。或许早期刚写完的标准文稿与专利申请文件还基本能够对应，但随着标准制定过程中文稿的修改和专利审查过程中对权利要求的修改，对应关系早已不再成立。这正是建立专利与标准联动机制的必要性所在。

专利与标准联动机制的核心在于"联动"二字。在专利层面，撰写申请文件时需充分考虑标准文稿的潜在变动，确保在标准文稿提交之前专利申请已经正式递交。一旦文稿有所调整，迅速利用法律允许的修改机会进行适应性调整，甚至基于优先权重新递交专利申请。而在标准化方面，撰写标准文稿时应考虑专利保护的技术方案，且在推动过程中力求保持受专利保护的方案基本不变。若标准文稿出现变化应立即通知专利部门，以便及时更新二者的对应关系。

从培育标准必要专利的职责划分来说，主要涉及三类角色：

发明人：需撰写技术交底书，明确技术与标准的关系。若需披露技术方案，应先向专利部门确认专利申请已递交至国家知识产权局。

标准化人员：可能也是发明人，承担标准文稿撰写和推动职责，应考虑将专利保护的技术方案融入标准文稿。在提交涉及专利的标准文稿前需确认专利申请已递交，并确定标准推动策略。在标准化过程中，协助专利部门分析专利与文稿的对应关系，尽量保持专利技术方案不被修改或仅在可接受范围内修改。文稿变动时需及时通知专利部门并提供相关文件。

专利人员：需组织优质代理资源撰写涉及标准的专利申请文件，以防低质量撰写导致无法挽救的后果。在标准化过程中，应向标准化人员提供专利申请状态，并评估专利与文稿的对应关系，给出修改和推动建议，确定是否需要修改专利、基于优先权提出新申请或分案申请。标准冻结后需及时更新权利要求对照表，组织专利评定，并制定运营策略，如是否加入专利池或开展专利许可等。

专利与标准联动机制是监控和保持专利与标准对应关系的关键，为标准必要专利培育提供了坚实保障。标准化工作是一场多方势力的博弈，在这场较量中，我们应通过结盟友军、策略性妥协等手段，巧妙地确保专利方案能够保留在标准的最终版本之中。

万物互联，标准专利不容忽视

人类社会已迈入万物互联时代，传统行业的孤立结构被打破，"连接"正渗透到各行各业。随着大量不熟悉标准必要专利游戏规则的企业涌入，全球主要经济体对标准必要专利可能阻碍产业发展表示高度关切。为此，欧洲、美国、日本和中国均在探寻解决方案，包括完善司法体系、政府知识产权部门参与必要专利评估、为中小企业制定标准必要专利许可指南等。

以欧洲为例。欧盟委员会认为，在高度连接的 IoT（Internet of things）时代，互联将变得愈发关键，由此产生的新产品和服务将带来大量新的商机。但是，当大量来自非信息通信产业且不熟悉标准必要专利规则的新玩家加入时，专利权人是否会过度收费、技术使用者是否会接受基于 FRAND 原则的许可等问题会愈发严重。二者之间的争议与漫长的谈判会严重推迟关键性技术标准的推广使用，进而阻碍欧洲产品的互联进程，甚至最终影响整个欧盟经济的竞争力。

对于欧洲来说，要想从数字化单一市场中充分获益，必须建立一个平衡的知识产权架构，以支持建设持续、有效的标准化生态系统和必要专利许可环境，这一点至关重要。2017 年 11 月，欧盟委员会发布了关于标准必要专利的欧盟方案，在肯定标准对产业发展的贡献以及专利权人对标准技术贡献的基础上，欧盟将制定清晰、平衡和合理的标准必要专利政策：一方面通过为技术贡献者保留公平、充分的回报，鼓励新技术的研发与标准化；另一方面基于公平、合理的许可条件，确保标准技术平稳、广泛地扩散。

2023 年 4 月，欧盟委员会提出了标准必要专利的新框架，再次强调标准必要专利改革旨在建立一个平衡框架，为标准必要专利的透明度设定全球标准，确保标准必要专利所有者和实施者在欧盟进行创新、制造和销售产品，并在非欧盟市场具有竞争力；同时，确保最终用户以合理价格从基于最新标准化技术的产品中受益。

正如欧盟报告所言，继智能终端行业之后，汽车行业已经成为标准必要专利持有人的许可重地，华为已与梅赛德斯—奔驰、奥迪、宝马、保时捷、斯巴鲁、雷诺、兰博基尼和宾利等汽车制造商达成了专利许可安排。随着互联向不同行业的渗透，各行各业的企业或早或晚、或多或少都不得不面对标准必要专利的问题。

以电力行业为例，能源互联网正在构建一种新的能源体系，使得能源能够像信息一样，任何主体都能自由接入和分享，形成开放对等、自我服务、自我维护和自我更新的能源生态环境。也就是说，在能源互联网时代，必然面临的变化是从封闭走向开放、从孤岛走向互联、从单向走向双向、从集中走向分布。能源互联网强调互操作和灵活组网，互联协议是基础。也就是说，能源互联网涉及的基础设施的互联和应用功能的实现必须建立在一系列标准和协议的体系框架基础上，如能源组件接入能源互联网的技术要求、能源互联网信息传输与交换规范等。从世界范围看，各国都在大力推动能源转型，能源互联网的标准制定将是各国的必争之地。鉴于全球领先企业都在实施标准专利战略，可以预见，在能源互联网标准的背后必将形成一批能源互联网的标准必要专利，而这些专利将是未来在电力行业主张专利权的重磅武器。

身处万物互联时代，企业需要尽早熟悉标准必要专利的游戏规则。对于有实力参与标准制定的企业，应积极参与相关标准的制定，尤其是国际标准，利用标准对创新的快速扩散作用提升行业影响力。与此同时，加强标准制定与专利布局的良性互动，建立专利与标准联动机制，将该机制作为企业科技创新体系的重要组成部分，利用标准必要专利影响产业规则的制定。对于标准技术的使用者，应提前做好标准必要专利许可谈判的准备，搜集行业许可信息、诉讼案例，掌握必要专利判定的基本方法、FRAND原则的考虑要素、许可费率计算的基本规则，力争基于真正公平、合理的条件使用标准中的专利技术。无论是标准制定方还是使用方，都可以通过自行申请、收购等多种方式，在全球主要国家和地区储备一批高价值的标准潜在必要专利和重要应用专利，以掌握更多的话语权和主动权。

华为："研究—标准—专利"联动典范

第4章中介绍了华为对专利许可费的态度：支付许可费，为产品赢得市场机会与上市时间,并确保企业经营自由。与此同时,华为高度重视技术创新,坚持每年将 10% 以上的销售收入投入研发。过去十年,华为研发投入累计超过 11 100 亿元,其中,2022 年投入约 1 647 亿元,占年收入的 23.4%。这一持续投入和对专利的重视使华为成为全球专利实力领先的持有人之一。至 2023 年底,其全球有效授权专利已逾 14 万件。

当然,仅凭华为全球领先的专利数量,并不足以反映其专利实力。真正让华为专利实力大幅提升,并稳固其作为全球领先的信息通信基础设施和智能终端提供商商业地位的,是在深入洞察产业竞争核心法则的基础上所实施的"研究—标准—专利"战略。

在信息通信领域,从"大哥大"到"万物互联",因不同区域、不同公司、不同设备之间的连接需要,国际标准成为构筑产业生态的基础,影响着全球设备供应商、电信运营商的技术路线选择,而标准不得不采用的专利技术——标准必要专利更是被誉为专利中的"核武器",是参与产业利益分配规则制定的敲门砖。

2G 时代,中国在通信标准制定方面属于整体"缺席"状态,更不用说标准必要专利的部署。而日本同期采用了完全"自主创新"的数字移动通信系统 PDC 技术,导致日本的移动通信网络与世界主流的 GSM、CDMA 网络无法兼容,成为信息孤岛。一方面,日本手机用户到世界各地都不能漫游;另一方面,日本通信设备商丧失推出市场空间更大的 GSM 和 CDMA 产品的机会,难以打入世界其他国家和地区的通信市场,导致在全球前五位的电信设备商中,一家日本厂商都没有。

从 3G 开始,华为不断加大技术研发和标准化投入,积极参与和支持主流标准的制定,在 5G 时代实现了引领。2018 年 6 月,5G 独立组网标准正式冻结,标志着第一阶段全功能标准化工作的结束。在 5G 第一阶段标准实现了对"增强移动宽带(eMBB)"和"低时延高可靠物联网(URLLC)"两种重要场景的支持。其中,高通主推的 LDPC 码被采纳为 eMBB 场景的数据信道编码方案,华为主推的 Polar 码被采纳为 eMBB 场景的控制信道编码方案。作为 5G 标准核心贡献者之一,华为提交标准提案 26 372 篇(以第一提案人身份提交 23 853 篇),占全部提案量的近 1/5,获得通过的提案 6 246 篇,提交量及通过量均位居第一。爱立信、诺基亚和高通分别以 23 026 篇、15 452 篇、10 484 篇提案量分别位列第二、第三和第四。

专利方面,由于参与标准制定的企业均具有很强的专利意识,并将标准必要专利培育视为专利工作的重中之重,因此,5G 标准涉及的专利技术较多。据 IPLytics 公司发布的 5G 行业专利报告显示,截至 2019 年 12 月 31 日,围绕 5G 标准,ETSI 累计收到涉及 21 571 个同族专利的标准必要专利声明,华为以 3 147 族位居榜首,三星以 2 795 族排名第二,诺基亚、爱立信和高通分别排名第五至第七。

华为在移动通信、短距通信、编解码等多个主流标准专利领域居于领先地位,成为蜂窝通信、Wi-Fi 和多媒体编解码等主流 ICT 标准的关键贡献者和标准必要专利最大的持有企业之一。随着华为专利资产的积累,华为通过交叉许可的方式不断降低专利许可费的支出,同时也开始收取越来越多的专利费。截至 2023 年底,华为签署超过 200 份交叉许可协议,其中 2022 年专利许可收入为 5.6 亿美元,付费企业 29 家,主要来自中国、美国、欧洲、日本、韩国等区域。

2023 年 7 月,华为公布了其 4G 和 5G 手机、Wi-Fi 6 设备和物联网产品的专利许可费率。华为对 4G 和 5G 手机设置的许可费率上限分别为每台 1.5 美元和 2.5 美元,对 Wi-Fi6 消费类设备设置的许可费率为每台 0.5 美元。对于以物联网技术为核心的设备，华为设置的许可费率是净售价的 1%，每台费率最高不超过 0.75 美元，而对于通过物联网增强连接的设备，许可费率则为每台 0.3~1 美元，超过 350 家公司已通过专利池获得华为专利许可。

自 2001 年与高通签署首份专利许可协议以来，华为在谈判桌上的地位已然发生翻天覆地的变化。其无线产品已成功击败多家备受瞩目的国际企业，从零开始一路攀升至全球领先位置。在技术创新、规则制定以及生态构建等多个领域，华为均展现出了世界领先的能力。这些成就与华为对创新投入的坚定执着，以及实施"研究—标准—专利"的联动战略息息相关。

技术创新的商业价值
从知识产权认知变革到管理实践

第 6 章

资本市场

科创板上市知识产权必修课

资本存量从有形资产到无形资产的转变是一场悄无声息的革命,如今仍在进行。

——乔纳森·哈斯克尔（Jonathan Haskel）

上市遭遇知识产权诉讼阻击

2019年3月22日，安翰科技（武汉）股份有限公司（简称安翰科技）的科创板上市申请获得受理，系首批科创板受理的9家企业之一。安翰科技成立于2009年，主营产品是"磁控胶囊胃镜系统"。在招股书中，安翰科技称，在51项授权专利的支撑下，公司研发的"磁控胶囊胃镜系统"突破性地实现了对人体进行"不插管做胃镜"的精确胃部检查，其检查结果与传统电子胃镜的一致性为93.4%，开启了胃部检查及胃病早筛的新时代。

2019年5月20日，重庆金山医疗器械有限公司、重庆金山科技（集团）有限公司（分别简称金山医疗、金山科技）以安翰科技产品侵犯其专利号为201611192694.9、名称为"胶囊内窥镜"等8项专利权为由，向重庆市第一中级人民法院提起诉讼，累计索赔金额为5 000万元。5月28日，安翰科技向同一法院提起针对金山科技、金山医疗的恶意诉讼损害赔偿之诉并正式获得受理。6月20日，安翰科技就涉案的8件专利向国家知识产权局提起无效宣告请求。

9月11日，安翰科技在提交的法律意见书中称，有较充分证据证明涉诉专利稳定差，被无效的可能性大，且被诉侵权产品的技术方案与涉诉专利的方案存在较大区别，安翰科技在准备不侵权抗辩的同时佐以专利无效，原告整体胜诉可能性很低；公司实际控制人已就专利纠纷可能带来的赔偿风险出具了承诺函，且预计最高赔偿额为800万元。

在收到问询回复后，上海证券交易所上市审核委员会（简称上市委）进一步要求安翰科技补充说明"发行人认为专利诉讼涉及的八项专利与公司核心技术无关的依据；列表说明发行人产品所用的所有专利具体情况，其中属于核心技术相关专利的予以特别标注并说明认定为与核心技术相关专利的依据；目前问询回复关于专利诉讼的影响仅说明了若败诉发行人可能承担的赔偿金额，但未说明若专利构成侵权被责令停止使用的影响，请结合发行人主营业务收入构成情况、相关专利技术在发行人产品中的具体应用情况等具体说明上述诉讼对发行人生产经营的影响（包括若败诉可能面临的赔偿责任和被责令停止侵权对发行人生产经营的影响），以及上述诉讼对本次发行上市的影响，并按照重要性原则完善风险提示。"安翰科技再次针对上述问题进行了回复。

同年 10 月 23 日，安翰科技向上海证券交易所（简称上交所）报送了中止审核的申请，以等待专利无效请求的处理决定，从而判断侵权诉讼的审理结果。截至 2019 年 11 月 20 日，安翰科技收到全部涉案专利的《无效宣告请求审查决定书》，其中 6 项专利被宣告全部无效，2 项维持有效，针对这两项维持有效专利的诉讼继续进行。

尽管安翰科技一直积极应诉，但最终还是在 2019 年 11 月 25 日向上交所提交了撤回在科创板上市的申请，并在官网声明"鉴于相关诉讼涉及公司主营业务，诉讼周期较长，预计无法在审核时限内彻底解决上述诉讼事项。出于对知识产权一贯严谨的态度，本着对科创板审核规则的尊重，本公司经审慎研究决定，主动撤回首次公开发行股票并在科创板上市的申请"。同日，上交所做出了终止安翰科技上市申请审核的决定。

2020 年 8 月，法院做出一审判决，驳回余下 2 项专利的诉讼请求，原告对其中 1 项提起上诉；2021 年 10 月，最高人民法院二审维持原判，驳回重庆金山的全部诉讼请求。至此,"科创板专利第一案"终于尘埃落定,安翰科技获得了专利侵权诉讼案的全部胜诉。然而,此时距离安翰科技的上市申请受理日已过去两年多,其上市之路因诉讼早已终止。

事实上,不止安翰科技,因知识产权纠纷不得不终止或延缓上市的企业还有不少,例如汉弘集团、白山云科技、智融科技、晶丰明源、敏芯微电子等。企业上市前遭遇的知识产权纠纷类型主要包括专利侵权纠纷、职务发明权属纠纷、技术合作相关知识产权权属纠纷、侵害商业秘密纠纷等。这类诉讼的原告常为拟上市企业同业竞争对手,案由以专利侵权纠纷居多,造成的影响包括增加财务负担、被迫延缓或终止上市进程、商誉受损、影响企业估值、承担侵权赔偿等。

截至 2023 年 10 月底,上交所数据显示,科创板已受理 913 家公司的上市申请(不含 23 家重复申请企业),562 家公司成功上市,总市值突破 6 万亿元。科创板在"硬科技"产业领域产生了明显的集聚效应,汇聚了大批相关企业。其中,新一代信息技术领域受理量最多,达 386 家,涉及电子信息、网络通信、人工智能等多个子领域。生物医药领域以 162 家受理企业位列第二,覆盖生物制品、高端化学药、高端医疗设备等领域。高端装备企业受理 131 家,排名第三,包括智能制造、航空航天、轨道交通等领域。

"硬科技"领域是专利密集型领域,竞争对手往往专利意识强、专利数量多,上市前遭遇竞争对手专利阻击的可能性也高。《中国科创板企业诉讼分析报告(2019—2021)》显示,2019~2021 年,科创板企业共涉 7 839 件司法诉讼。其中,侵害发明专利权纠纷 272 件,占比 3.5%,排名第三(前二分别为买卖合同与劳动争议纠纷)。新一代信息技术和高端装备制造领域案件尤为突出。

同样遭遇知识产权诉讼，有些企业如敏芯科技却能够带着未决诉讼成功过会。上市委最关心的是知识产权诉讼是否会对企业的生产经营构成重大不利影响。安翰科技的"磁控胃镜胶囊系统"产品几乎占其全部主营收入，虽然提供了有利证据，但只能降低侵权风险，无法完全排除。若败诉，可能必须停产停销，对该企业无疑是"灭顶之灾"。因此，向上市委证明未决诉讼不会伤及企业根本，或仅为竞争对手的恶意阻挠，是应对诉讼、确保上市的重中之重。

难过的审核问询关

历经五年发展，科创板已成为我国"硬科技"企业上市首选地，而"是否具备科创属性"是拟上市企业必须首先回答的问题。2020年3月，中国证券监督管理委员会(简称证监会)出台《科创属性评价指引(试行)》(简称《指引》)，首次明确"3+5"科创属性评价指标体系。随着部分申报和在审企业暴露出缺乏核心技术、科创能力不足、市场认可度不高等问题，证监会结合科技创新和注册制改革实践，聚焦支持"硬科技"的核心目标，进一步完善了科创属性评价指标体系，于2021年4月16日修订了该《指引》。新版《指引》实行支持类、限制类、禁止类分类界定科创板行业领域，建立负面清单制度，同时新增研发人员占比超过10%的常规指标，将科创属性评价指标由"3+5"变为"4+5"。

科创板优先支持符合国家战略、拥有关键核心技术、科技创新能力突出、主要依靠核心技术开展生产经营、具有稳定的商业模式、市场认可度高、社会形象良好、具有较强成长性的企业。申报科创板上市的企业，应当属于表6-1中行业领域的高新技术产业和战略性新兴产业。

表6-1 申报科创上市的企业所属行业领域及产业方向

行业领域	产业方向
新一代信息技术领域	主要包括半导体和集成电路、电子信息、下一代信息网络、人工智能、大数据、云计算、软件、互联网、物联网和智能硬件等
高端装备领域	主要包括智能制造、航空航天、先进轨道交通、海洋工程装备及相关服务等
新材料领域	主要包括先进钢铁材料、先进有色金属材料、先进石化化工新材料、先进无机非金属材料、高性能复合材料、前沿新材料及相关服务等
节能环保领域	主要包括高效节能产品及设备、先进环保技术装备、先进环保产品、资源循环利用、新能源汽车整车、新能源汽车关键零部件、动力电池及相关服务等
生物医药领域	主要包括生物制品、高端化学药、高端医疗设备与器械及相关服务等
符合科创板定位的其他领域	—

新《指引》增加了负面清单制度，即限制金融科技、模式创新企业在科创板上市；禁止房地产和主要从事金融、投资类业务的企业在科创板上市。

在支持和鼓励类行业领域中，申报企业应同时符合表6-2中4项指标，或虽未达到前述指标但符合表格中例外条款情形之一。

应该说，明确行业领域分类标准与科创属性评价指标，是确保注册制下科创板坚守硬科技定位的基石。但具体评价申报企业的"科创成色"和"科创含量"，还需要基于企业在招股说明书中披露的信息，采用公开化问询式审核方式，由交易所提出问询问题，企业进行回复，中介机构对问询事项予以核查，以"一问一答"的方式及时向市场公开审核全过程。通过提出问题、回答问题，开展多轮问询，不断督促企业及中介机构真实、准确、完整地披露信息，努力"问出一家真公司"。

表 6-2　申报企业应符合相关指标及其他情形说明

要求	常规指标	不适用情况
全部满足	（一）最近三年研发投入占营业收入比例 5% 以上，或者最近三年研发投入金额累计在 6 000 万元以上	采用《科创板上市规则》第 2.1.2 条第一款第（五）项规定的上市标准申报科创板的企业，或按照《关于开展创新企业境内发行股票或存托凭证试点的若干意见》等相关规则申报科创板的已境外上市红筹企业，可不适用第（四）项指标的规定；软件行业不适用第（三）项指标的要求，研发投入占比应在 10% 以上
	（二）研发人员占当年员工总数的比例不低于 10%	
	（三）应用于公司主营业务的发明专利 5 项以上	
	（四）最近三年营业收入复合增长率达到 20%，或者最近一年营业收入金额达到 3 亿元	
要求	例外情形	
满足之一	（一）拥有的核心技术经国家主管部门认定具有国际领先、引领作用或者对于国家战略具有重大意义	
	（二）作为主要参与单位或者核心技术人员作为主要参与人员，获得国家自然科学奖、国家科技进步奖、国家技术发明奖，并将相关技术运用于主营业务	
	（三）独立或者牵头承担与主营业务和核心技术相关的国家重大科技专项项目	
	（四）依靠核心技术形成的主要产品（服务），属于国家鼓励、支持和推动的关键设备、关键产品、关键零部件、关键材料等，并实现了进口替代	
	（五）形成核心技术和应用于主营业务的发明专利（含国防专利）合计 50 项以上	

《首次公开发行股票注册管理办法》（2023 年 2 月 17 日中国证券监督管理委员会第 2 次委务会议审议通过）第十二条明确规定：

发行人业务完整，具有直接面向市场独立持续经营的能力：

（一）资产完整，业务及人员、财务、机构独立，与控股股东、实际控制人及其控制的其他企业间不存在对发行人构成重大不利影响的同业竞争，不存在严重影响独立性或者显失公平的关联交易；

（二）主营业务、控制权和管理团队稳定，首次公开发行股票并在主板上市的，最近三年内主营业务和董事、高级管理人员均没有发生重大不利变化；首次公开发行股票并在科创板、创业板上市的，最近二年内主营业务和董事、高级管理人员均没有发生重大不利变化；首次公开发行股票并在科创板上市的，核心技术人员应当稳定且最近二年内没有发生重大不利变化；

发行人的股份权属清晰，不存在导致控制权可能变更的重大权属纠纷，首次公开发行股票并在主板上市的，最近三年实际控制人没有发生变更；首次公开发行股票并在科创板、创业板上市的，最近二年实际控制人没有发生变更；

（三）不存在涉及主要资产、核心技术、商标等的重大权属纠纷，重大偿债风险，重大担保、诉讼、仲裁等或有事项，经营环境已经或者将要发生重大变化等对持续经营有重大不利影响的事项。

也就是说，独立性、稳定性和持续性是评价拟上市企业是否"具有直接面向市场独立持续经营的能力"的关键，是必须满足的发行条件。正如在第1章中所述，知识产权是企业尤其是硬科技企业的重要资产。在审核问询中，上市委围绕知识产权的数量、质量、来源、权属、诉讼等方面不断提出问题，实质是通过对知识产权相关问题的深入质询，判断企业的重要无形资产是否完整、权属是否清晰、是否具备核心技术优势，核心技术是否存在技术依赖、是否存在对持续经营的重大不利影响,从而对企业的"科创成色"和持续经营能力做出评价。这也是知识产权一直是上市委审核问询重点的原因所在。

自开板以来,几乎所有申报科创板上市的企业在问询阶段都收到了核心技术与知识产权方面的问询,具体问题涉及与主营业务的关联性、技术先进性的客观依据、核心技术与知识产权的来源及获得方式、核心技术与专利的关联性、知识产权归属/合作研发/共有专利、核心技术人员的认定/流失、技术研发能力、知识产权纠纷等。因此,尽管科创板采用注册制,但不少拟上市企业发现审核问询的问题常常是"灵魂拷问",多轮回复后仍难以消除上市委的疑虑,甚至最终不得不撤回上市申请。

专利信息披露的门道

在"4+5"的科创属性评价指标中,规定了"应用于公司主营业务的发明专利 5 项以上"。乍看上去,这个要求不高。事实上,鉴于硬科技领域基本是专利密集型产业,绝大部分企业均具有数量可观的专利储备。科创板首批受理的企业平均专利拥有量为 69 件,到开市三周年,已上市的 400 余家企业的平均专利拥有量已升至 178 件。在上市申报过程中,不少企业专利数量很多,单就数量而言,早已满足甚至远超科创属性评价的指标要求,但在审核过程中仍旧遭遇多轮问询,甚至导致上市终止。

如前所述,科创板以信息披露为核心,真实性原则要求对外披露的信息内容须与事实相符。知识产权方面的信息披露主要包括知识产权数量、法律状态、知识产权来源、知识产权资产的重大事件等,不得有虚假记载、误导性陈述或重大遗漏。其中,知识产权数量和法律状态作为最基础的信息,是最不应当出现差错的。然而,继恒久光电因专利法律状态披露不实折戟创业板后，一些进军科创板的企业再次因看似简单的专利基础信息披露而受挫。例如，翼捷股份招股说明书的申报稿披露公司拥有授权专利 70 项，发明专利 7 项；上会稿披露拥有授权专利 78 项、形成主营业务收入的发明专利 9 项；法律意见书中披露拥有授权专利 73 项、形成主营业务收入的发明专利 8 项。在成功过会后，因招股说明书申报稿与其他注册申请文件披露的发明专利数量相互矛盾，该公司收到了证监会的警示函，其上市之路最终也被迫终结。

确保知识产权数量、法律状态等基础信息的准确性和完整性，是科创属性信息披露最基础的要求。实践中，关于专利数量的统计，应厘清专利与核心技术、主营业务的关系，区分核心专利与一般专利，明确"应用于公司主营业务的发明专利"的数量。判断专利与核心技术、主营业务的关联度，应当基于专利保护的技术方案是否属于核心技术、是否应用于公司相关产品。核心专利不仅应为有效授权专利，还应在主营业务中已产业化运用，即基于核心专利技术方案研发的产品或服务已对外销售并形成收入。

对于申报材料笼统提及专利数量的情形，上市委在审核中均要求补充说明形成主营业务收入的发明专利情况。例如：

"结合专利获授时间，说明形成主营业务收入专利的具体情况，包括各期收入中涉及的上述专利名称及产品、该专利属于何种领域专利，如设备、工艺流程还是产品领域等；若为设备相关专利，需说明对应设备目前的台数、金额及占公司固定资产比重、投入使用时间、用途、在生产环节中主要承担的作用、设备先进性等；若为工艺流程或是产品相关专利，需说明对应的工艺环节、使用该专利的产品收入及占比、主要客户、对应专利是否存在更新迭代风险。"

"结合发行人主营业务、主要产品、核心竞争优势说明哪些专利是发行人的核心专利,并说明发行人核心专利的技术来源;列表说明发行人申请专利的时间、数量及授权情况。"

说明"发行人核心专利与主要产品的对应情况、主要产品的市场占有率"等。

如果核心专利涉及海外同族专利,还应明确同族专利计数规则。同族专利是基于同一优先权文件,在不同国家或地区多次申请的内容相同或基本相同的一组专利。简单说,由于专利保护的地域性,申请人就相同或基本相同的技术方案在多个国家或地区申请了专利。同族专利在统计"应用于公司主营业务的发明专利"的数量时,需要分情况视之。只有企业在境外申请国开展了专利产品销售并形成销售收入时,该国的同族专利才能计入"应用于公司主营业务的发明专利"。

爱威科技股份有限公司在招股说明书中披露:"公司共拥有包括47项已授权发明专利、3项已获授权通知待制证发明专利以及5项境外已授权发明专利,形成核心技术和主营业务收入相关的发明专利(含国防专利)合计50项以上,符合《暂行规定》第五条规定的指标"。

上市委在首轮问询时指出,"境外授权专利3项为美国、1项为土耳其、1项为俄罗斯,报告期内,发行人在美国、俄罗斯未实现收入,在土耳其实现的收入分别为8.27万元、8.53万元、0.96万元。请发行人说明:①公司已授权发明专利与核心技术、主要产品的对应关系,主要产品在报告期内收入实现情况;②公司在未取得所在国家强制认证(如FDA认证)的背景下,相关已授权专利在公司生产经营过程中所起的作用"。第二次问询中,上市委要求进一步说明境内外专利之间的映射关系，有无实质差异，其应用产品是否在专利保护区域实现销售。

当企业提出大量专利申请，但实际获得授权的专利数量相对较少时，上市委会对专利质量产生怀疑。

在针对秦川物联网公司的第三轮问询中，上市委要求："结合发行人的研发能力、技术人员配备、技术发展规划与专利布局安排等因素，列示发行人自设立以来申请多达704项专利、授权仅217项的原因，所申请的专利内容、核心技术点与主营业务所存在的对应关系，并请就尚在申请状态及已获授权的与核心技术密切相关的专利或与主营业务关联性不强的专利的新颖性、创造性、实用性进行自查，如有必要可以通过聘请第三方专业机构或通过国家知识产权局专利检索中心等权威机构对相关专利的三性予以复核，在此基础上说明发行人是否存在滥用专利申请权的情形，已获授权的核心专利是否存在被申请无效的风险及该等专利本身是否存在简单复制、仿造既有已公开技术的情况"。

除专利数量和质量外，申请时间分布的合理性也是上市审核的关注点之一。

例如，迈威生物披露，其已获得的18项境内发明专利中，6项为继受取得，10项为上市申报前两年内新申请。上市委在第一轮问询中要求该公司说明"较多专利为最近两年内申请的原因及合理性"。再如，创耀通信成立于2006年，共有7项境内发明专利和6项境外发明专利，其中，境内专利申请集中在2006年，境外专利申请集中在2008年。在第二轮问询中，上市委要求发行人"结合应用于核心技术发明专利的获授时间、发明专利申请时间较早且报告期较少等情况，说明相关专利是否仍具有先进性、认定核心技术先进性的依据是否充分、是否具备持续创新能力"。

进一步地,鉴于专利作为核心技术的重要体现与保护手段,其数量和质量能够一定程度反映企业的技术先进性,因此,上市委还会要求企业结合与可比公司专利数量、质量的对比情况阐释其技术先进性。

例如,在松井股份的首轮问询中,上市委要求"结合发行人知识产权的数量、质量及应用范围,与同行业可比公司知识产权的数量及质量的比较情况,说明发行人专利体系是否具有市场竞争优势、是否具有先进性,以及核心经营团队和技术团队的竞争力情况"。松井股份在答复中提供了与可比企业江苏宏泰、赐彩新材的授权专利量、授权发明专利量、发明专利申请量的对比分析,并进一步展示了细分核心技术领域专利公开的关键性能指标与竞争对手的对比数据,以此说明公司的市场竞争优势和技术先进性。

总体而言,对专利产出的审核,主要是评估企业是否持续投入研发,并随着研发进度对研发成果进行有效的知识产权保护。专利保护的时间线应与技术研发和产品迭代的周期相吻合,且核心专利需切实应用于主营产品中。鉴于发明专利的审查通常需要 2~3 年,计划上市的企业应提前规范知识产权管理,并至少在上市前三年围绕核心技术和主营产品进行专利布局,同时利用加快审查等政策,积累与核心技术和主营业务紧密相关的高质量专利组合。

权属问题早厘清

知识产权权属问题涉及对拟上市企业无形资产独立性、稳定性和持续性的评价,是上市委审核的高频问题。例如,企业是否拥有完整的知识产权的所有权、是否掌握具有自主知识产权的核心技术、核心技术是否权属清晰等。从涉及的权利形态来看，包括商标、专利、软件著作权、商业秘密等不同类别的知识产权的权属问题，尤其是商标和专利。

上市委审核企业商标权的完整性时，重点考察企业持有国内外注册商标的情况，主营业务涉及的品类是否拥有商标专用权，企业能否长期且稳定地使用被许可的商标，是否存在对商标权人的依赖等。若发生商标变更，还需评估这种变更对企业持续经营能力的影响。实践中，商标权属问题往往源于商标侵权纠纷、不完整的商标转让或主要商标仅为授权使用。

2020年6月30日，深圳市紫光照明技术股份有限公司（简称紫光照明）的科创板申请正式被受理。同年9月14日，紫光集团向北京知识产权法院起诉紫光照明，指控后者存在商标侵权及不正当竞争行为，要求停止侵犯"紫光""清华紫光"等商标权，停止使用含"紫光"的企业名称，并索赔500万元。与此同时，紫光集团请求法院认定其注册号为1153279的商标在第9类商品上为驰名商标，并给予驰名商标相应保护。随后，10月27日，紫光照明的"9673709"号商标被提出无效请求，进入审查程序。

上市委要求紫光照明说明："所涉商标侵权及不正当竞争诉讼的具体情况及进展，对公司持续经营的影响；若公司被认定为商标侵权，拟上市企业所涉商标、企业名称变更的具体过程及时间、成本，是否存在实质性障碍；进一步分析前述商标、企业名称变更后对公司持续经营能力的影响，包括但不限于现有在手订单是否涉及违约或赔偿情形，未来新业务开拓中相关商标侵权认定记录是否影响公司声誉、招投标资质等"。

尽管紫光照明予以了回复，但上市委在2021年2月5日召开的现场审议会议上，仍然提出了"相关商标侵权及不正当竞争诉讼是否影响发行人持续经营能力"的问题。尽管最终过会，但紫光照明最终还是主动撤回了上市申请。

企业主营业务所使用的商标若基于许可协议，会因协议到期后续约存在不确定性而成为上市重点审核的内容。

例如，新疆大全新能源股份有限公司（简称大全能源）使用的6653790号和4654980号商标分别由江苏大全和大全集团无偿授权使用。由于大全能源非商标所有权人，在商标使用许可合同期限届满后，能否持续使用该等商标开展业务存在不确定性，可能影响未来业务的正常开展。

上市委要求说明：①两项商标许可未转入拟上市企业体内的原因，拟上市企业是否能够稳定长期使用上述授权商标，是否对商标权人存在依赖，今后的处置方案；②就6653790号商标，转让前大全集团对拟上市企业使用许可商标的行为是否予以认可，是否存在争议或纠纷；就注册证号为4654980的商标，大全集团允许拟上市企业普通许可商标而非独占许可的原因，大全集团自身是否使用或授权其控制的其他企业或无关联第三方在该商标核定使用范围的产品或服务，如是，说明前述情况对拟上市企业的影响；③结合前述商标在拟上市企业产品的使用情况，说明上述事项是否影响拟上市企业的资产完整性和独立性。

与商标权属相比，专利权属更为错综复杂。自主研发专利的纠纷多源于职务发明的确认。例如，研发人员是否违反竞业禁止或保密协议，所申请专利是否涉及前雇主的职务发明。

苏州敏芯微电子技术股份有限公司（简称敏芯微电子）在上市期间就多次被竞争对手北京歌尔泰克科技有限公司（简称歌尔泰克）以专利侵权、权属为由提起诉讼。在专利权属诉讼中，歌尔泰克将敏芯微电子及其部分股东列为被告，声称敏芯微电子的部分专利实为梅嘉欣、唐行明等人的职务发明，其专利权或专利申请权应归歌尔泰克所有。

上市委要求敏芯微电子说明："主要创始人与核心技术人员李刚、胡维及梅嘉欣曾在同一时间段就职于芯锐微电子技术（上海）有限公司，相关发明与技术是否来源于该公司或属于职务发明；发行人的技术来源是否为创始团队自主研发形成，自主研发的主要过程与依据"；"歌尔股份提起多起专利诉讼，要求发行人赔偿合计1.35亿元并停止侵权行为'不会对公司生产经营造成重大不利影响'的理由及依据"。

对于受让取得的专利，主要关注点包括：受让专利是否为核心专利，受让原因及价格，是否存在关联交易及利益输送，受让专利的行使是否受其他专利限制，受让专利在核心技术和产品中的作用，企业是否依赖于受让专利进行生产经营，受让专利到期后对企业持续经营的影响等。

紫光照明的专利主要为受让取得，在首轮问询中，上市委即要求紫光照明说明："受让取得的专利是否涉及发行人核心技术，是否为发行人生产经营的关键性资产，相关专利的出让方，受让取得的背景及原因，相关专利是否存在纠纷或潜在争议。"在第二轮问询中，要求进一步说明："①公司受让的是发明专利申请权还是发明专利，受让的具体时间与相关发明专利取得授权的时间；②变更发明人的原因，变更后发明人是否实质参与发明创造过程，是否属于对发明创造的实质性特点做出创造性贡献的人，是否符合相关法律法规的规定；③相关专利原申请人的基本情况，是否与发行人从事相同或相似业务，如原申请人为自然人，请提供简历及目前任职单位，相关专利是否存在被认定为原发明人职务发明的风险，公司与原发明人及其任职单位是否存在法律纠纷或潜在争议。"

对于合作/委托研发形成的专利，重点关注企业从项目中取得的知识产权是否完整、清晰，技术开发项目与主营业务、核心技术的关系，企业对于合作方是否存在重大依赖，项目合作结束后企业是否具备持续创新的能力。如果在合作研发中形成了共有专利，共有专利是否涉及核心技术，企业能否独家使用专利技术，非独家使用是否会对企业竞争力和技术先进性产生重大影响，是否存在专利纠纷或潜在纠纷。

例如，在针对澜起科技股份有限公司的问询中，上市委要求其补充披露"与 Intel、清华大学合作研发的情况，包括合作研发的具体模式、合同签署、主要协议约定、研发主要项目、研发成果、研发成果所有权归属、相关利益安排等，合作研发成果是否属于发明人的核心技术，该等合作研发成果与发行人产品的对应关系，对发行人生产经营的重要程度"。

还有一种情形是，拟上市企业购买了第三方的专利/技术许可，基于购买的第三方知识产权研发形成自身产品。对于存在这种情况的公司，上市委会重点审核：企业作为被许可人，需要第三方专利/技术许可的原因、价格，专利/技术许可是否存在关联交易及利益输送，被许可专利/技术的实施是否受到其他专利权的限制，被许可专利/技术在生产经营中的作用及收入贡献，非排他许可对企业的影响，企业是否对被许可专利/技术存在重大依赖，主营业务是否会受许可期限到期的影响，企业是否具备持续创新的能力。

在对武汉科前生物股份有限公司的审核中，上市委要求其说明：①华中农业大学对发行人做出非排他许可安排的原因，是否为发行人未支付足够的技术使用费，是否为保证短期经营成果而忽视对未来持续经营的影响；②华中农业大学可以许可第三方使用并或获得收益的情况及其影响，是否可能在发行人上市或其持有发行人股份大幅下降后扩大许可第三方使用的范围并对发行人持续经营产生重大不利影响；③与华中农业大学及其他合作方的合作及研发安排，对公司未来经营的影响。

高校院所孵化的企业，通常依托高校院所早期的科研成果进行产业化，普遍存在创始人和核心技术人员身兼数职、专利受让、合作研发的情形。因此，对于这类企业来说，知识产权的权属问题尤为重要，这也是上市审核中常被刨根问底的方面。

以中国科学院计算技术研究所（简称计算所）孵化的龙芯中科技术股份有限公司为例，该公司在上市审核中被详尽询问了与计算所之间的技术交易与合作细节，包括2020年向计算所购买57项专利的具体原因及其在产品中的应用情况，双方的合作研发模式，以及在研发过程中各自承担的角色。在此基础上，要求公司结合专利许可、转让及合作研发等多种情形，阐明其对计算所是否存在技术依赖，以及自身是否具备独立且可持续的研发能力。

针对知识产权权属相关的问题，上市委通常采用"溯及源头—辨析现状—研判未来"的三步审核法。

在"溯及源头"方面，上市委可能要求补充披露各类相关合同、制度、审批或处置文件，以审核知识产权的权属是否清晰，包括科技项目合同、合作/委托开发合同、劳动合同、知识产权/技术转让合同、许可合同、竞业限制协议、创始人或核心技术人员离岗创业的相关协议、知识产权管理办法、职务发明相关制度、离岗或在职创业的相关规定、发明人变更的相关文件、资产评估报告等。在厘清权属后，"辨析现状"重在分析所涉知识产权在报告期企业研发和产品中的应用情况及重要性，是否存在技术依赖，最终形成关于拟上市企业未来是否具有独立、可持续发展能力的研判意见。

如何提升"科技创新能力"

《科创板首次公开发行股票注册管理办法（试行）》描绘了科创企业的画像——拥有关键核心技术，科技创新能力突出，主要依靠核心技术开展生产经营，具有稳定的商业模式，市场认可度高，社会形象良好，具有较强成长性。2023年2月公布的《首次公开发行股票注册管理办法》也延续了上述对科创企业的定位。企业科技创新能力的评估重点关注以下六个方面：

• 核心技术：是否掌握具有自主知识产权的核心技术，核心技术是否权属清晰、是否国内或国际领先、是否成熟或者存在快速迭代的风险。

• 研发能力：是否拥有高效的研发体系，是否具备持续创新能力，是否具备突破关键核心技术的基础和潜力，包括但不限于研发管理情况、研发人员数量、研发团队构成及核心研发人员背景情况、研发投入情况、研发设备情况、技术储备情况。

• 研发成果：是否拥有市场认可的研发成果，包括但不限于与主营业务相关的发明专利、软件著作权及新药批件情况，独立或牵头承担重大科研项目情况，主持或参与制定国家标准、行业标准情况，获得国家科学技术奖项及行业权威奖项情况。

• 竞争优势：是否具有相对竞争优势，包括但不限于所处行业市场空间和技术壁垒情况，行业地位及主要竞争对手情况，技术优势及可持续性情况，核心经营团队和技术团队竞争力情况。

• 成果转化：是否具备技术成果有效转化为经营成果的条件，是否形成有利于企业持续经营的商业模式，是否依靠核心技术形成较强成长性，包括但不限于技术应用情况、市场拓展情况、主要客户构成情况、营业收入规模及增长情况、产品或服务盈利情况。

• 战略定位：是否服务于经济高质量发展，是否服务于创新驱动发展战略、可持续发展战略、军民融合发展战略等国家战略，是否服务于供给侧结构性改革。

诸多申报案例表明，企业的知识产权管理水平、布局情况和风险应对能力，与核心技术、研发实力、研发成果、竞争优势以及成果转化等科技创新能力评估的要点密切相关。拟上市企业应尽早重视知识产权合规管理、知识产权布局规划和知识产权风险防控工作，做好上市前的知识产权功课。

2023年8月，国家标准《企业知识产权合规管理体系 要求》（GB/T 29490—2023）正式发布。相比2013版的旧标准，新标准强调知识产权管理的合规属性，将知识产权管理的合规要求贯穿于企业经营管理各环节与全周期。同时，此次修订对于知识产权质量、风险和价值的关注，也与监管机构对拟上市企业的要求高度一致。例如，要求企业确保所获取的知识产权数量和类型与企业的经营发展相适应。

知识产权管理经验相对欠缺的企业，可以将该标准作为指导框架，从战略定位（知识产权方针与目标）、体系运行（组织架构与管理职责、知识产权获取与维护、知识产权在生产经营活动中的保护与运用等）、资源保障（人力、财务、信息等）三个层面健全企业的知识产权管理。

拟定知识产权方针的过程，实质上是第 2 章所述战略解码过程的高度浓缩。通过深入剖析企业经营发展对知识产权的支撑要求，提出知识产权工作的宗旨和方向。在此基础上，制定与方针保持一致、与企业发展相适应的知识产权目标。在体系运行层面，应首先对知识产权制度流程进行全面梳理，识别制度缺位的管理环节或管控点并予以补充和优化。其中，知识产权通用制度流程包括知识产权权属、知识产权保护、信息发布、知识产权奖惩、员工入职与离职等方面，专项制度流程包括专利申请与维护、专利转让与许可、商标注册与维护、商标使用许可与受让、商标保护、著作权登记、著作权许可转让、商业秘密的确定、商业秘密保护与管理等。

例如，新员工入职时，企业通常通过签署劳动合同约定其入职后执行本单位任务或主要利用本单位物质技术条件完成的成果均为职务发明，但容易忽略新员工的知识产权背景调查，导致其入职一年内申请的专利被前雇主主张为职务发明或被起诉专利侵权。在国家标准中，规定了"对新入职员工进行适当的知识产权背景调查，以避免侵犯他人知识产权；对研发、设计、创作等与知识产权关系密切的岗位，要求新入职员工签署知识产权声明"。这些合规管理手段都可以在早期帮助科创企业规避风险。

在知识产权布局规划方面，企业应首先全面了解知识产权现状，建立并保持专利、商标、著作权等各类知识产权的台账。专利数量较多的企业可使用知识产权管理信息系统，保证各类知识产权的时限、文档、法律状态的准确性和完整性。在此基础上，企业应分析知识产权与产品、技术的内在关联，尤其是建立专利与产品、技术的勾稽关系，监控专利技术在产品中的应用情况，包括具体使用的产品、部件/子系统、功能点，掌握专利的技术分布及重要级别，开展与竞争对手的知识产权对标。

掌握知识产权现状后，企业应尽早围绕产品与核心技术开展专利布局，围绕品牌策略完善商标注册，具体内容可参考第 3 章。以保障顺利上市为目标的专利布局挖掘需详细拆解产品及其核心技术，开展遍历式挖掘。为体现拟上市企业核心技术优势，对于常规布局中更宜采用商业秘密保护的技术点，如侵权举证难度较大的算法类发明，也需考虑适当布局。同时，企业可综合利用预审、优先审查和常规申请等不同途径，在加快授权进度和延缓核心技术公开之间找好平衡点。

知识产权风险防控方面，需重点应对知识产权权属不清晰、侵权等风险。知识产权权属关系到拟上市企业是否具备自主研发能力、是否存在较大程度的技术依赖。因此，企业应提前梳理与员工之间的知识产权权属条款，包括职务发明、竞业限制、承诺不侵犯第三方权利以及保密等方面。在专利申请过程中，企业应特别关注发明人身份，以及其是否有兼职或离职期不满一年的情形，以规避潜在的职务发明权属纠纷。同时，也要注意真实发明人与署名发明人、核心专利发明人与核心技术人员之间的关系。对外技术合作中，应对合作项目所涉及的背景知识产权、前景知识产权和改进知识产权的归属权、使用权、收益权等做出明确约定，而非简单写一句"本合同项下产生的知识产权归甲方所有"或"本合同项下产生的知识产权归双方共同共有"。

侵权方面的知识产权风险排查，主要是通过专利检索和侵权对比分析，对产品采用的技术方案进行自由实施调查（Freedom To Operate，简称FTO），判断产品所采用的技术是否侵犯第三方的专利权。事实上，FTO调查应当贯穿科创企业技术研发到产品上市全流程，越早开展，调整产品方案的可能性越大。在申报上市前，拟上市企业应对公司全部产品和在研产品进行FTO调查。若产品出口海外，还要针对目标市场开展风险排查。通过全面分析潜在侵权风险，企业可以向监管层传递其具备自主研发能力并且未来遭受侵权纠纷可能性很小的积极信号。对于正处在诉讼无效纠纷中的知识产权，则应积极应对诉讼纠纷，选取合适的案由提出反诉，评估裁判结果及对企业经营的影响，综合利用诉讼程序、行政程序、媒体公关等多种手段，尽可能向对方施加压力，减少对自身的不利影响，增强监管方对企业的信任度。

技术创新的商业价值
从知识产权认知变革到管理实践

第 7 章

优化升级

将知识产权全面融入业务

有效的知识产权战略必须与公司运营的各个方面紧密相连。

——罗伯特·莫杰斯（Robert Merges）

供应链管理的知识产权抓手

供应链是当今全球商业的核心组成部分，它连接了从原材料供应到最终产品交付的所有环节，是由供应商、制造商、分销商、零售商及用户构成的网链结构。核心企业通过对供应链商流、信息流、物流和资金流的管理，确保产品从供应商到消费者高效、可靠地流动。

众多大型企业创始人深知供应链管理的价值，并积极投身其中。以苹果公司为例，其创始人史蒂夫·乔布斯不仅重视产品设计与创新，还十分看重供应链管理。他深知，产品的市场成功不仅取决于产品本身，还依赖于强大的供应链。在乔布斯的引领下，苹果构建了高效的供应链，确保了产品品质和交货时效。而其继任者蒂姆·库克则进一步优化了苹果供应链，他强调与供应商建立长期合作关系，并采用战略思维来规划和管理供应链，为苹果的供应链管理注入新的活力。

苹果在供应链管理中非常重视知识产权，具体做法包括：

• 供应商审查：苹果将供应商知识产权保护状况作为供应商遴选的重要指标，以确保供应商遵守知识产权法律法规，并采取了相应的知识产权保护措施。

• 对供应商的知识产权要求：苹果与供应商签订的合同中，明确规定其知识产权义务，包括但不限于：供应商提供的产品不得侵犯任何知识产权、供应商需评估其提供的产品的知识产权风险等。

• 知识产权审计：苹果会对供应商进行定期的知识产权审计，以检查供应商是否遵守知识产权法律法规和合同条款。若发现供应商存在侵犯知识产权的行为，苹果会采取相应措施，如要求损失赔偿、调整生产工艺等。

- 供应商合作：苹果会与供应商建立紧密的合作关系，向供应商提供相应的技术支持和资源，帮助供应商改进其知识产权保护措施，共同应对知识产权挑战。

- 知识产权培训：苹果会对供应商开展知识产权培训，以加强供应商对知识产权的重视程度，提高其知识产权保护能力。

富士康是全球最大的电子制造服务商，拥有5 000多名专业工程师，致力于为客户解决产品设计后的量产难题，包括生产线部署、产品设计调整以及产品性能保障等。

作为苹果的核心供应商，富士康高度重视知识产权，在全球范围内拥有超过5.42万件发明专利，特别是在美国和日本，分别持有超过1.76万件和1.62万件专利，涵盖电脑零组件、5G通信、半导体、机器人、AI及电动汽车等多个领域。2013年和2014年，谷歌先后向富士康购买了可穿戴技术和通信技术的相关专利。富士康的专利积累，一方面使得委托方对其提供的产品和技术不侵犯第三方知识产权的承诺以及抵御风险的能力更有信心；另一方面也能在一定程度构成对委托方的制衡。可以说，建立重视知识产权的规则有利于打造稳定、平衡的供应链关系。

供应链在生产、运输、配送等环节中存在各种潜在风险，这些风险可能导致产品供应的延迟、中断或其他不确定性。知识产权风险便是其中的一类，高科技产品企业的供应链尤其如此。供应链的各节点都可能出现知识产权风险，主要包括供应安全风险、侵权风险和保密信息泄露风险等。供应安全风险主要指供应商挟专利要求独家供货，或向其他供应商收取高额许可费，从而影响供应安全。知识产权侵权风险主要指供应商提供的产品可能侵犯第三方知识产权。保密信息泄露风险主要指企业向供应商提供的保密信息，如技术、设计、商业计划等被泄露给第三方。若产品上市后发生这些风险，后果严重，可能导致产品供货中断、商誉受损，甚至因知识产权侵权风险被法院颁发禁令。

企业需要从供应商准入，协议签署，采购、生产和物流过程中的知识产权保护等多方面管控潜在的知识产权风险。

1. 供应商准入

供应商准入是供应商管理的重要内容。供应商准入涉及知识产权的内容主要包括知识产权权利的审核、使用许可审核、侵权风险审核、保密措施审核等。知识产权权利的审核主要通过查询专利、商标、著作权等官方数据库，对供应商自身、母公司、子公司等关联机构拥有的知识产权的真实性、完整性和有效性进行核查。使用许可和侵权风险审核主要是对供应商产品若需使用第三方知识产权，是否已获得第三方授权，以及所供应产品是否侵犯第三方知识产权的核验。保密措施审核主要是审查供应商对商业和技术信息所采取的保密措施情况，如技术信息的访问方式、是否与员工签署保密协议等。此外，还可以调查了解供应商知识产权管理和保护的历史记录，如知识产权诉讼相关情况等。

2. 协议签署

从协议签署来看，合同知识产权条款的核心逻辑是按签署前、履行中、终止后三个阶段明确知识产权的权属、双方的权利义务，并列明违反合同约定的后果和补救措施。

首先，界定各方在合同签署前各自拥有的知识产权，即"背景知识产权"。一般而言，供应链相关合同的目的是确保持续、保质保量地供应货物或提供服务，并不因供应合同的签署而改变知识产权的所有权。委托生产等合同的履行可能涉及背景知识产权的许可。通常，委托方会要求列示背景知识产权清单并提供免费许可，并承诺，供应商不得以侵犯背景知识产权为由，就委托方及其用户接收、使用或销售供应商交付物或基于交付物形成的最终产品，向委托方及其用户提起任何法律诉讼。

其次，对各方为履行合同而产出的知识产权，即"前景知识产权"的所有权做出约定，包括各自为履行合同产出和共同开发的知识产权。通常，各自为合同履行产出的知识产权归各方所有，双方均做出实质性贡献的知识产权归双方共同所有。因长期采购行为对供应商研发前景知识产权的支持，或额外支付研发费用，委托方一般会要求供应商的前景知识产权仅能用于履行当前合同或委托方自身的产品，而不能用于向第三方供应任何产品。若供应商违反使用限制，委托方会采取降低采购价格、减少采购份额等惩戒措施，甚至取消供应资格。对于共同所有的前景知识产权，一般仅用于履行当前合同和委托方产品的改进，双方均不得许可他人使用。但是，当合同到期后，委托方可能要求能够单方使用或许可他人使用。在此基础上，双方也需要进一步对合同终止后的技术改进做出约定，如双方是否有权自行开展技术改进、改进后形成的知识产权的权属及使用等。

3. 知识产权保护

在知识产权的保证、承诺方面，委托方通常会要求供应商保证交付的产品不侵犯第三方的知识产权。如果第三方向委托方或其用户提起知识产权侵权诉讼，供应商需自行承担成本解决诉讼并赔偿损失。

如果第三方知识产权侵权主张成立,供应商需采取救济措施,以避免对委托方的经营造成不利影响,常见的救济措施包括:取得知识产权授权且委托方及其用户不承担任何费用;在交付周期内修改交付物确保其不侵权;在符合合同所有要求的情况下,用不侵权的替代品替换等。

站在供应商的角度,需要不断提升知识产权意识和能力,完善自身知识产权管理体系,对生产全过程开展专利挖掘,梳理商业秘密的密点,对专有零部件、制备工艺、工装模具、生产流程、机械设备、检测技术等选择适合的知识产权类型进行有效保护,形成一定数量的高质量知识产权储备。对于生产中需要获取的第三方知识产权许可,应在生产前获得许可,并在约定的许可范围内使用。对于贴牌或代工生产方式,还应核查委托方相关知识产权的法律状态及授权地域,排除侵权、假冒、超范围使用等风险。

越来越多的大厂创始人亲自管理供应链,足以彰显供应链管理在当今商业环境中的地位越来越突出。它不仅关乎企业当下的产品交付,更关乎企业的竞争力与可持续发展。有效的供应链管理不仅能确保企业自身的成功,还能推动整个供应链网络的协同发展。明确的知识产权归属、使用规则可以消除合作方对权益问题的担忧,能够更好地推动供应链节点间看不见的技术流转。知识产权既是供应链各方技术资产界定的权利基础,也是商场博弈的砝码和资源聚合的纽带。

HR 不只是培训和发奖金

谈及企业人力资源(Human Resource,简称 HR)管理,首先想到的是人才招聘、员工培训、绩效管理、薪资福利。随着人力资源成为企业核心竞争要素,企业寄予 HR 管理价值创造的期望越来越高,HR

部门转型成为业务部门的战略性业务伙伴的需求也受到越来越多的关注。洛杉矶南加州大学"高效组织中心"的研究人员爱德华·劳勒（Edward Lawler）和苏珊·莫尔曼（Susan Mohrman）表示："虽然我们对HR部门成为战略性业务伙伴的共识给予很多关注，但研究结果却让我们感到十分意外。我们发现HR部门日常的工作行为和组织架构并没有就此而发生大的改变。"

在知识产权战略规划和体系优化的咨询实践中，常常需要访谈企业高管以及研发、销售、采购、人力、法务和财务部门的相关负责人。值得注意的是，不少企业的HR部门认为知识产权主要是研发部门、知识产权部门和法务部门的事，人力资源部门主要承担组织培训、发放专利奖金等事务性工作。

正如第1章所言，知识产权是人的智力创造的资产。作为管"人"的部门，是否应当关注辛苦招聘的人员的产出？劳动合同购买的只是员工的劳动时间吗？为什么核心技术人员离职容易造成公司技术流失？如何避免技术流失？不同级别研发岗位的人员应当具备哪些知识产权能力？如何评估、如何培养知识产权能力？绩效管理中是否考虑、如何考虑知识产权方面的考核指标？

1. 绩效管理与知识产权

HR的工作范畴，尤其是组织绩效管理，是企业战略落地的重要抓手。简单来说，绩效是企业希望达成的结果，而激励是员工渴望获得的回报。绩效管理的精髓在于促成公司目标与员工所求的契合，实现共赢。由于激励直接关系到每位员工的个人利益，因此，只要激励措施得当，就能有效引导员工和团队紧密围绕绩效考核的指挥棒展开努力。那么，如何保证员工的奋斗方向与企业目标相契合？回顾一下第2

章中探讨的战略解码，这一过程中需要明确各个组织的 KPI 指标、指标权重以及目标值等关键要素。这些不仅是组织绩效管理的核心组成部分，更是确保企业战略能够切实落地的关键所在。

一家致力于技术领先战略的公司，一旦知识产权与绩效考核挂钩，企业重视创新、尊重知识产权的价值观传导比知识产权部门的人员喊破天都管用。在华为的集成产品开发体系中，产品开发的各环节都增加了知识产权管理内容，并明确了知识产权的规划、申请和管理的责任主体、绩效考核和激励政策。正是基于持续的研发投入和系统的知识产权管理，华为公司成为全球最大专利持有企业之一，构建起强大的战略控制点。

HR 部门掌握着企业最有效的管理工具。当 HR 部门能够从战略资产的高度去看待知识产权时，无疑增加了转型成为战略业务伙伴的成功率。

2. 入职与离职的知识产权风险

当然，除了在 HR 的战略规划和战略解码中引入对知识产权的考量，人才招聘、入职离职管理等工作中还应当关注知识产权风险的防控。

人才招聘，尤其是招聘高级研发人员时，应当格外提防商业秘密和竞业限制协议带来的风险。近几年，自动驾驶领域国内外频发因员工离职造成的商业秘密纠纷。无论员工是否将前雇主的商业秘密用于新公司的产品研发，新雇主几乎无可避免地在财务、商誉上遭受损害。

2016 年 1 月，谷歌原无人车项目核心成员安东尼·莱万多夫斯基（Anthony Lewandowsky）离职后创立自动驾驶卡车公司 Otto。同年 8 月，Uber 以 6.8 亿美元收购 Otto，莱万多夫斯基加入 Uber。2017 年 2 月，谷歌分拆出的 Waymo 在旧金山法院起诉 Uber，指控其通过收购 Otto 窃取无人驾驶技术，索赔近 19 亿美元。同年 5 月，法官裁定 Uber 在雇用莱万多夫斯基时应知其拥有超过 1.4 万份可能涉及知识产权的机密文件，并责令其归还。此案持续一年，2018 年 2 月双方达成和解，Waymo 撤诉并获得 Uber 0.34% 的股份，价值约 2.45 亿美元。

近年来，国内企业因招聘引致的商业秘密纠纷也层出不穷，特别是在企业上市的关键期。为了尽可能降低因员工跳槽，尤其是来自竞争对手的员工引发的知识产权风险，面试前，HR 可向面试者正式告知或签署面试协议，避免涉及前雇主的商业秘密。面试中，向应聘人员核实是否存在竞业限制、保密协议等约束。录用前，做好背景调查，确保应聘人员未受竞业限制。入职时，建议要求员工签署承诺书，要求其承诺不会违反前雇主的竞业限制和保密义务，不会将任何涉及前雇主的知识产权用于工作中。

入职后，企业应与员工尽快签署劳动协议，明确约定职务发明创造的知识产权归属，并设置保密条款或签署单独的保密协议，要求员工保守企业的商业秘密。研发岗位的员工入职后，知识产权部门应关注其一年内完成的研发成果是否属于前雇主的职务发明。企业若使用了员工前雇主的商业秘密，则存在与员工共同承担侵权责任的风险，甚至丧失已获得的专利权。从竞争对手直接引入高级人才时，还应注意防范舆情变化和被诉风险。

针对离职员工，应开展离职谈话，书面确认已移交并删除了与本单位工作相关的所有文件。若签订了竞业限制协议，应向员工明确协议是否生效，并说明生效情况下补偿金的支付。此外，针对核心离职员工，可设置监控机制，跟进核心人员离职后的动向，了解有无侵权或违约情形。

财务方面的知识产权考量

1. 知识产权的预算管理

对很多企业而言，知识产权都是花钱的事，其与财务部门的交集主要体现在预算和费用管理方面。一般来说，知识产权工作的预算主要包括几类：

• 知识产权部门日常运行费用。

• 获取和维持知识产权的费用，如知识产权申请、审查、维持、检索等所需的管理费和服务费。

• 知识产权激励的相关费用，主要指对发明人的奖励和报酬。

• 购买或使用他人知识产权产生的费用，如购买专利、商标的费用和许可使用费等。

• 知识产权管理工具建设与维护费用，如管理系统的开发和维护费用、商业数据库使用费等。

• 知识产权纠纷处理产生的费用，包括律师费、调查取证费、诉讼费、侵权赔偿等。

2. 形成知识产权的研发支出资本化

除预算和费用管理，知识产权作为企业的核心资产，如何与知识产权部门从资产的角度协同开展其管理与运营，已引起越来越多财务负责人的关注。根据我国现行会计制度，能够在财务报表中体现的知识产权仅限于确认为无形资产的知识产权，这些"账面"的知识产权与企业实际拥有的知识产权及其能够产生的价值可能相去甚远，难以满足研判知识产权真实价值的需要。

2018年11月，财政部与国家知识产权局联合印发《知识产权相关会计信息披露规定》（财会〔2018〕30号）。该规定除进一步细化确认为无形资产的知识产权的披露要求外，增加了自愿披露的内容，鼓励企业根据自身实际情况披露知识产权的应用情况、重大交易事项中涉及的知识产权对该交易的影响及风险分析、申请状态的知识产权等信息。

事实上，知识产权作为企业重要的无形资产，其创造、运营与企业的税务筹划、成本控制、现金流管理、市值管理都密切相关，其中直接相关的是形成知识产权的研发支出资本化的问题。

由于研发活动常常涉及高额投入且不确定性高，取得成功的研发活动及形成的包含知识产权在内的无形资产所创造的经济效益一般会在未来数年逐步实现。为了更准确地反映研发活动对未来经济利益的贡献，国内外会计制度都允许将符合规定条件的研发支出资本化，并按照受益年限摊销研发支出。这意味着企业可以不用将这些支出全部计入当期损益，而是将其作为长期资产在未来的会计期间逐年转化为费用。换言之，研发支出的资本化能够成为企业盈余管理的财务工具。例如，某上市公司报告期研发投入约11.45亿元，其中资本化处理的研发投入约5.49亿元，当年净利润为4.35亿元，但如果把研发投入全部费用化处理，当年的损益情况则由盈利变为亏损1.14亿元。

可见，是否将研发支出"资本化"很大程度上取决于企业的"主观"选择。资本化的研发投入可以减少当期的费用支出，降低企业成本，提高企业当期利润和资产总额。费用化的研发投入使得企业当期费用支出增加，但会因费用化而产生节税利益。对沪深两市上市公司的相关研究表明，研发投入资本化与债务契约动机、转亏为盈动机、平滑利润动机都呈正相关。对英国3 000余家公司的抽样研究同样表明，企业是否资本化其研发投入受到收益可变性、公司规模、研发力度、财务杠杆、研发计划等因素的影响。

《企业会计准则第6号——无形资产》规定，企业内部研究开发项目的支出，应当区分研究阶段支出与开发阶段支出。研究阶段的支出，应当于发生时计入当期损益；开发阶段的支出，须同时满足下列条件的，才能确认为无形资产：（一）完成该无形资产以使其能够使用或出售在技术上具有可行性；（二）具有完成该无形资产并使用或出售的意图；（三）无形资产产生经济利益的方式，包括能够证明运用该无形资产生产的产品存在市场或无形资产自身存在市场，无形资产将在内部使用的，应当证明其有用性；（四）有足够的技术、财务资源和其他资源支持，以完成该无形资产的开发，并有能力使用或出售该无形资产；（五）归属于该无形资产开发阶段的支出能够可靠地计量。

尽管会计准则规定了研发支出资本化的条件，但在实务操作中，研究阶段和开发阶段的划分，以及开发支出资本化开始及结束时点的确定，都涉及高度主观、复杂的专业判断，且与企业所属行业的特性密切相关。部分企业将取得专利授权等证书作为开发支出停止资本化和无形资产开始摊销的时点。但实际上，知识产权证书只是表明企业对这些研发成果获得法律的承认与保护，不能等同于对研发成果的技术成熟度和应用效益的证明。在实务操作中，对尚未成熟的技术通过申请专利"跑马圈地"是非常常见的策略，这类专利技术授权时很可能还未达到会计准则要求的技术可行性和效益的标准。还有一些专利采取了延迟授权的策略，获得证书的时间则可能明显晚于研发成果可供使用的时间。因此，不能仅仅依据权属证书、认证证书等外部证明文件的获取作为停止资本化和开始无形资产摊销的标志。

在前面的章节，我们多次提到了知识产权与研发的融合管理，企业可根据行业研发规律和内部研发特点，基于技术成熟度的不同等级、产品开发的不同阶段或其他管理模型，建立规范的研发项目管理制度，对研发项目的流程（关键路径）、各阶段任务和目标（包括知识产权目标）、各阶段的开始和完成标志、进入下一阶段前的评审等做出具体规定，为研发支出资本化的条件满足奠定坚实基础。同时，知识产权在产品或企业内部的自行实施、外部转让或许可情况的可行性分析、效益评测也应当纳入财务部门的关注视线。

3. 投资并购中的知识产权问题

投资并购方面，尤其是高科技产业的投资并购，项目的知识产权风险和价值已成为影响投资决策的重要内容。以医药领域为例，由于药品研发周期长、投入高、易仿制，企业维持市场地位十分依赖于专利布局的强弱。可以说，专利组合是医药企业最核心的无形资产之一。开展医药企业的投资并购时，目标项目的专利风险和价值将直接影响交易价格和交易结构，甚至导致交易提前终止。还有一些项目，投资完成或交割后发现各种知识产权风险。例如，希望通过交易获取的核心技术或品牌的知识产权另有其主、第三方主张知识产权侵权等，导致交易目的无法达成、项目被迫搁浅或需追加大量投入等严重后果，如贵州的微硬盘项目，因遭遇专利侵权纠纷，导致超过 20 亿元的投资打水漂。

在投融资过程中，通过开展知识产权尽职调查，能够全面了解调查对象的知识产权状况，有效控制目标公司核心技术、品牌等相关的知识产权权属不清、范围不明、权利限制、无法自由实施等风险，研判知识产权的价值，为谈判提供筹码。知识产权尽职调查以确定交易的知识产权资产范围、调查潜在风险和评估资产价值为重点。

确定资产范围方面，需根据交易项目涉及的业务/产品、核心技术，对知识产权资产清单完整性、真实性和准确性进行查验，包括对劳动用工、竞业限制、委托/合作开发、采购、许可、合资合作等各类协议的分析。

知识产权交易风险的调查，主要通过自由实施分析和协议分析等方法，侧重对权利依赖性、权利可执行性、在先协议限制、潜在及未决的知识产权纠纷、技术进出口及反垄断限制等方面的风险进行预判。

知识产权价值的评估，尤其是专利价值的评估，可主要从法律价值、技术价值和应用价值三个维度进行评估。法律维度的评估可结合资产范围确定和风险调查中的权属情况和专利组合情况，从权利稳定性、保护范围、保护强度等角度进行评价。技术维度的评估可结合专利全景分析、主要竞争对手的专利实力对比分析、自由实施调查结论及行业专家意见进行评价。应用维度的角度评估主要围绕知识产权在目标公司产品/业务中的使用情况、使用规模和外部公司使用前景或使用规模进行分析。这类评估属于第5章所谈到的价值度评估，可帮助厘清目标公司知识产权资产状况，为交易谈判提供充分的筹码。当然，若能找到同类或相近知识产权的可比交易，就能够为交易中知识产权资产的估值范围提供重要参考。

正如我一直鼓励搞知识产权的人要学习财税知识，财务人员也应当掌握一定的知识产权知识，了解以知识产权为核心的无形资产对于现代企业的重要意义，与知识产权人员协同开展知识产权资产的管理与运营，盘活和放大企业无形资产的价值。

防范"走出去"的知识产权风险

在全球经贸环境日趋复杂的背景下,国内企业"走出去"遇到的知识产权纠纷逐渐增多。从多年来企业在海外遭遇的知识产权纠纷来看,"走出去"面临知识产权风险的场景包括境外参展、产品销售、技术合作、采购生产、投资并购等,常见的风险类型包括侵犯他人知识产权风险、自身知识产权被侵害的风险、知识产权权属风险、合同违约风险等。

1. 海外纠纷的主要类型

指控竞争对手侵犯知识产权是国外企业常用的竞争工具,主要包括法院诉讼和行政执法两大类。

知识产权诉讼是指权利人认为他人侵犯其知识产权,向法院起诉,请求判定对方侵权,并要求停止侵害、赔偿损失等。企业败诉后,可能面临巨额赔偿、销售禁令等惩罚。据统计,2023 年,中国企业在美知识产权诉讼新立案 1 173 起,较上年增长 19.0%,主要涉及制造行业和批发零售业,其中 94.6% 的中国企业为被告。其中,专利诉讼新立案 447 起,增长 56.1%;商标诉讼新立案 757 起,增长 5.4%;商业秘密诉讼新立案 23 起,增长 27.8%。从诉讼结果看,有 65.7% 的专利诉讼以和解撤案结案;商标诉讼中,66.1% 的被告因缺席应诉而被判败诉。值得注意的是,在部分专利诉讼案件中,法院对被告的中国企业颁发了永久性禁令。

知识产权行政执法调查的典型代表有三种:

- 美国的"337"调查,指根据美国关税法,对于侵犯美国知识产权的进口产品和不公平竞争的进口贸易行为发起的调查并采取的一系列制裁措施。中国企业为美国337调查的最大目标，长期在"337"被调查榜单中"霸榜"，涉及电子、通信、化工、机械、轻工、医药、食品、服装等众多行业，主要是专利侵权的调查。我国企业遭受"337"调查的败诉率也较高，是平均败诉率的两倍多。

• 欧盟的展会侵权调查。欧盟执法部门在接到申请后往往会在国际展会上对我国参展产品进行大面积搜查；若申请成立，立即下达临时禁令并强制执行。

• 海关知识产权执法，主要指海关查扣涉嫌侵犯知识产权的商品，以商标和外观专利侵权居多。2020年12月，欧盟知识产权局（EUIPO）发布了欧盟海关知识产权执法报告，欧盟边境查获了零售价值超过7.6亿欧元的假冒商品，其中，服装、运动鞋、香水和化妆品是主要涉案品类，案件量较2018年上升30%以上，来自中国的涉案商品占比为1/3。

当然，我国企业也遭遇了不少自身知识产权遭受侵害的风险，如出口产品的商标被当地企业抢注，同仁堂、康佳、海信、联想、五粮液、王致和等耳熟能详的品牌均遭遇商标被当地企业抢注的困境，最终被迫"买回"商标或者重新打造新标识。专利方面，则不仅可能技术被抢先申请专利，还可能遭遇国外竞争对手围绕技术改进和应用精心布局的专利围堵，如前文特安纶案例所示，对我国出口企业构成严峻挑战。在部分国家和地区，受知识产权保护水平等因素的影响，我国企业也可能面临技术、商标无法得到有效保护的风险，包括权利无法获权、无法执行、商业秘密被泄露等。

2. 海外知识产权风险防范措施

知识产权纠纷不单纯是法律事件，而是企业商业竞争工具选择的结果。企业在进军海外市场前，应充分调查目标市场的知识产权法律环境，开展产品知识产权布局以形成市场竞争筹码，评估及防控产品的知识产权侵权风险并形成应对策略，监控竞争对手知识产权侵权活动以维护自身合法权益。

在目标市场调查与选择阶段，企业应基于海外市场营销计划分析目标市场的知识产权保护环境和竞争对手的知识产权策略，初步评价产品出口可能面临的知识产权风险。主要内容包括：

• 目标市场知识产权保护环境调查，包括知识产权立法情况、司法部门架构及司法程序、行政部门架构及执法程序、侵权判断标准和审判倾向、本产业领域的既有判例和执法案例等，评定目标市场的知识产权保护水平和整体状况。

• 目标市场竞争对手的知识产权保护情况调查，了解竞争对手的知识产权布局，分析其可能与本企业产品相关的知识产权的保护范围及其稳定性，分析竞争对手可能采取的知识产权竞争策略、手段及方式。

• 目标市场同领域非专利实施主体知识产权权利主张及诉讼情况调查。

企业应尽早开展潜在目标市场的知识产权布局，布局思路可参考第3章相关内容。在产品出口前研判是否就相关产品、技术形成全面且能对产品销售保驾护航的知识产权组合。若发现尚有遗漏，尽快补强目标市场的知识产权组合，对尚未形成知识产权保护的重要内容选择适宜的保护类型、保护时机和保护策略进行知识产权布局。同时，可将目标市场相似产品与本企业的自有知识产权进行比对，调查目标市场同类产品是否侵犯本企业的知识产权。当发现目标市场产品可能侵犯自有知识产权时，收集相关证据，准备证明材料，判断自有知识产权的稳定性，并结合本企业的市场策略选择适宜的维权途径和维权时机。

风险防控方面，通过对拟出口产品进行知识产权侵权和相关的合同分析，预估知识产权风险并做出应对预案。

首先，开展产品的 FTO 调查，将产品技术特征与目标市场有效专利进行比对，判断产品是否落入他人专利保护范围。

其次，考察产品是否侵犯目标市场其他有效知识产权，如商标、软件著作权等。

最后，对相关合同的违约风险进行分析，考察既有合同对产品出口的限制。例如，基于引进技术消化吸收再创新形成的产品，分析原技术引进协议是否对技术改进形成的产品的出口及出口地存在限制。

综合上述分析，结合目标市场的知识产权法律环境及主要竞争对手的知识产权策略，预判企业因产品出口而遭遇知识产权侵权诉讼或贸易制裁等纠纷的可能，并制定风险控制预案，包括准备产品不侵权证明、开展规避设计、寻求他人专利许可、请求无效对方专利、制定诉讼应对策略等。

企业在"走出去"过程中，总会遭遇来自国际竞争对手的各种挑战。一方面，企业需强化海外市场拓展人员的知识产权意识与能力，尤其是加强市场部门与知识产权部门的协同，从合规管理、知识产权布局、风险防控等方面提升自身的抗风险能力。另一方面，鉴于海外知识产权风险的复杂性和多样性，应充分利用各类外部资源，包括领域匹配且服务专业的律师事务所、能够引导舆论的媒体或关键意见领袖、具有影响力的行业专家及行业组织等。同时，海外知识产权纠纷一旦发生，常呈现多地同发的情况。企业应注意不要简单追求一场官司的快速完结或胜诉,而是以企业整体利益最大化的"一盘棋"思维,应对可能同时发生在多个国家和地区的知识产权诉讼。

产业生态中的知识产权法则

谈及产业生态,人们往往认为这主要是产业领导者或龙头企业的关注点,与中小企业似乎关系不大。然而,实际上,无论规模大小,大多数企业都身处产业生态中,可能是设计商、平台商、原料商、生产商、渠道商等,只是各自在产业生态中的定位与分工有所不同。产业生态的本质是聚集生态伙伴,形成系统合力,补齐产业短板、共同谋求发展。近年来,备受关注的"卡脖子"技术,正是相关产业生态中的短板。

1. 事关"江湖地位"的知识产权实力

第5章曾介绍华为公司在移动通信产业的发展历程:2G到3G时代,华为属于传统移动通信产业生态的新进入者;4G时代,华为跻身产业生态的核心贡献者;5G时代,华为成长为ICT生态系统的主要使能者与构建者。这是一个典型的从产业后进者发展成为生态主导者的案例。作为产业的参与者,需要思考如何在产业生态中求得一席之地,如何借助生态的力量获得更多商业机会,最大化自身的商业利益。作为产业生态的主导者,考虑的则是如何打造产业生态,如何引领产业生态的可持续发展,实现自身与生态伙伴的多赢。

早期的产业生态起源于主导者与少数企业的合作,他们共同致力于为客户提供符合需求的产品或服务。随着时间推移,这一生态逐渐发展,形成了规范的标准体系或合作平台,吸引了更多的合作伙伴,产业生态不断发展壮大。近年来,产业生态构建的主动性和目标性更为明确，常在产业生态的顶层设计阶段就考虑产品、服务、信息、数据、技术、资金等各类要素在生态系统不同主体间有序流转的架构、规则和模式。

换句话说，企业在产业生态中引领作用的发挥主要取决于企业在生态系统的战略方向、总体架构、产业规则、价值分配和生态安全方面的主导权和贡献度。而这些主导权和贡献度的强弱与企业知识产权的实力密切相关。例如，2013年，谷歌以125亿美元收购摩托罗拉移动，核心目的之一即是获取摩托罗拉强大的专利组合，保护安卓免受微软、苹果等竞争对手的威胁。

同是2013年，雷军意识到万物互联的风口即将到来，小米开始通过"股权投资＋供应链赋能"的方式，按"手机周边、智能硬件、生活耗材"三大方向，与合作伙伴共同布局物联网战略，构建IoT生态圈。在"手机×AIoT"核心战略的实施过程中，小米逐步构建起全球最大消费级AIoT平台，互联互通能力持续增强。2022年，IoT与生活消费产品收入为798亿元，占总营收28.5%，连接的IoT设备达5.89亿台。与此同时，随着业务增长进入"快车道"，小米知识产权工作也步入快速发展阶段，持续为全球技术生态圈贡献高价值知识产权。截至2022年9月30日，小米在全球范围内拥有互联互通领域相关专利超2 000项。小米在物联网领域的领先地位得以充分巩固，得益于其核心技术自研与知识产权保护的双管齐下策略，同时也确保了小米生态圈能够持续、稳健地发展壮大。

产业生态中的参与者同样需要重视知识产权，加强核心知识产权储备，以提高自身的不可替代性，增加在价值分配中的谈判筹码。正如前文介绍的富士康，通过持续的创新投入和专利积累，成功由传统的代工厂发展成为全球领先的通信网络设备、云服务设备、精密工具及工业机器人专业设计制造服务商,为客户提供以工业互联网平台为核心的新形态电子设备产品智能制造服务,其在产业生态中获得的价值也从低利润率的"工艺价值"向更高附加值的"供应链价值"转变。

2. 知识产权规则直接影响生态技术创新与扩散

产业生态本质上是一个生态伙伴共生、互生和再生的价值网络。在整个系统中,彼此都有多向的依赖和影响关系,既分享利益,又相互贡献。一般来说,每个产业会经历四个发展阶段:形成期、扩张期、成熟期、衰落期。与之伴随的是产业涉及的各类技术的萌芽、改进、成熟与衰退。生态系统中的企业是否有意愿持续投入技术创新、是否愿意分享创新成果、以何种方式分享、以何种方式获得合理回报等,都是产业生态发展必须解决好的问题,而其中的基础正是知识产权规则。也就是说,知识产权规则是产业生态规则的核心内容之一,直接影响产业生态中的技术创新与技术扩散。

产业生态系统中,通常会通过标准化的方式对产品、服务及相关技术进行规范管理,其中有些产业生态的标准约束性很强,整个生态遵循统一的标准,属于强标准环境,如移动通信领域等。有些产业无须遵循统一的标准,可能在并存的多个小生态系统中使用各自的标准,属于弱标准环境,如物联网领域,小米、百度、谷歌的智能家居产品使用不同标准。强标准环境更多涉及的是国际标准、国家标准和行业标准,弱标准环境更多涉及团体标准和企业标准,甚至是事实标准。随着产业生态的发展,部分产业生态的弱标准环境也可能通过将生态内的标准推动成为全产业应用的事实标准、升级成为国际标准或行业标准等方式,向强标准环境转变。

第 5 章中曾介绍过国内外主流标准化组织的知识产权政策。为了争取更多的产业话语权，有能力的企业纷纷加强标准化的投入，积极向标准化组织贡献技术提案，培育标准必要专利。对于制定、发布和实施团体标准的产业生态同样如此。因此，产生生态的知识产权规则格外重要。

星闪联盟成立于 2020 年 9 月，旨在推动新一代无线短距通信技术 SparkLink 的创新和产业生态的繁荣，满足智能汽车、智能家居、智能终端和智能制造等快速发展的新场景应用的极致性能需求。成立初期，联盟发布了知识产权管理办法，对联盟标准涉及的专利、版权、商标和标识问题进行了规范。办法参考国际标准化组织的知识产权政策，对标准提案涉及的必要权利要求进行了定义，并规定了会员的潜在必要专利的披露义务和许可义务。办法还规定，专利权人应当基于对等原则，按照 FRAND-RF 或 FRAND 原则提供全球范围、不可撤销的许可，该许可承诺适用于实施标准的所有被许可人。

成立以来，星闪联盟一直贯彻技术标准化、标准产业化和产业国际化的发展思路。截至 2023 年底，联盟会员单位已超过 935 家，涵盖芯片、模组、设备、解决方案、测试、运营和安全服务等全产业链上下游以及三大电信运营商、终端厂商与头部车企。经过会员单位的共同努力，2021 年完成了星闪 1.0 系列标准的制定，2023 年开启商用化元年，次年 3 月发布星闪 2.0 系列标准，涉及芯片、模组、仪表、办公、车载、操作系统等多个领域的新产品也同步上市。

适应产业生态发展的知识产权规则能够有效激发创新，促使整体生态系统的协同进化，不断提升生态系统的竞争力。反之，不适宜的知识产权政策将阻碍产业生态的发展。开源许可证是开源社区的"基本法"，其中的知识产权政策是开源产品竞争力的决定性因素。开源社区的生命力在于确保软件的源代码交流机制能够持续推广并获得越来越多的使用者。早期的许可证及开放的知识产权政策助推了开源社区的快速壮大。随着开源软件走向商业化，商用的开源产品要求开源社区的知识产权保护模式能够提供可预期的、稳定的法律保护，以保障产品及服务的持续提供。因此，尽管开源规则在理念上反抗传统知识产权体系，但在行动上却寻求知识产权的综合保护，即通过不断演化的许可证及其中的知识产权规则为市场竞争提供支撑。毫无疑问，开源许可证的演变影响着开源社区的发展，而涉及人工智能、区块链、大数据的开源许可证，甚至使得开源社区正在成为国家之间新的竞争领域。

技术创新层出不穷，新业务和市场需求日新月异，产业生态必须持续进化，以迎接新挑战、满足新需求。产业主导者需要在生态中引导建立透明、合理的知识产权规则，凝聚创新资源，充分利用知识产权的生态价值赋能合作伙伴，促进技术创新与技术流动，并储备足够的知识产权实力应对风险。产业参与者在积极做出技术贡献的同时，同样需要积累优质的知识产权资产，加强知识产权实力，利用知识产权工具提升自己在产业生态中的核心竞争力。

参考文献

［1］迪格拉夫.爱迪生：创新之源与商业成就的秘密［M］.周海燕，译.长沙：湖南科学技术出版社，2018.

［2］Thomas Edison Inventions［EB/OL］.https://www.thomasedison.org/inventions.

［3］ISO 56002:2019 Innovation management system［S/OL］.https://www.iso.org/files/live/sites/isoorg/files/store/en/PUB100468.pdf.

［4］KALANJE C M, Role of intellectual property in innovation and new product development［M/OL］.https://www.semanticscholar.org/paper/Role-of-Intellectual-Property-in-Innovation-and-New-Kalanje/70468e65883aab4195afa4de63de0f3d14ea3ca9.

［5］TEECE D.Profiting from technological innovation: Implications for integration, collaboration, licensing and public policy［J/OL］.Research Policy, 1986（15）:285-305（2009-08-18）.https://periodicos.sbu.unicamp.br/ojs/index.php/rbi/article/view/8648948/15495.

［6］菲尔普斯，克兰.烧掉舰船：微软称霸全球的知识产权战略［M］.谷永亮，译.北京：东方出版社，2010.

［7］哈里森，沙利文.董事会里的爱迪生：领先企业如何实现其知识产权的价值［M］.何越峰，译.2版.北京：知识产权出版社，2017.

［8］ISO 56005:2020 Innovation management— Tools and methods for intellectual property management — Guidance［S/OL］.https://www.iso.org/obp/ui/en/#iso:std:iso:56005:ed-1:v1:en.

［9］CARDOZA K.The power of intangible assets: an analysis of the S&P 500［J］.Les Nouvelles— The Journal of the Licensing Executives Society, 2006（3）: 4-5.

［10］Ponemon institute. 2019 intangible assets financial statement impact comparison report［R/OL］.（2019-08）https://www.aon.com/getmedia/60fbb49a-c7a5-4027-ba98-0553b29dc89f/Ponemon-Report-V24.aspx.

［11］Catherine Fazio, et al. A New View of the Skew: A Quantitative Assessment of the Quality of American Entrepreneurship［R/OL］.（2019-11-26）.http://innovation.

mit.edu/assets/A-New-View-Final-Report-5.4.16.pdf.

［12］戈德斯坦.专利的真正价值：判定专利和专利组合的质量［M］.顾雯雯,林委之,于行洲,等译.北京：知识产权出版社,2021.

［13］数字音视频编解码技术标准工作组.数字音视频编解码技术标准工作组知识产权政策［EB/OL］.（2008-03-29）.http://www.avs.org.cn/index/list?catid=45.

［14］European Telecommunications Standards Institute. ETSI intellectual property rights policy.9［S/OL］.（2022-11-12）.https://www.etsi.org/images/files/IPR/etsi-ipr-policy.pdf.

［15］International Telecommunication Union. Common patent policy for ITU-T/ITU-R/ISO/IEC［EB/OL］.https://www.itu.int/en/ITU-T/ipr/Pages/policy.aspx.

［16］华为技术有限公司.华为创新与知识产权白皮书：尊重和保护知识产权是创新的必由之路［R/OL］.（2019-06-27）.https://www-file.huawei.com/-/media/corporate/pdf/white%20paper/2019/huawei_white_paper_on_innovation_and_intellectual_property_cn.pdf?la=zh.

［17］本书编写组.中国知识产权运营年度报告（2022年）［M］.北京：知识产权出版社,2023.

［18］莫杰思,刘芳.商业知识产权战略［M］.北京：中国法制出版社,2020.

［19］Europäisches Patentamt. Patent Portfolio Management with IPscore 3.0［R/OL］.（2023-09）.https://www.epo.org/web/IPscore_3.0_manval_en.pdf.

［20］国家知识产权局,中国银保监会,国家发展改革委.关于印发《知识产权质押融资入园惠企行动方案（2021—2023年）的通知》：国知发运字［2021］17号［A/OL］.（2021-06-16）.https://www.cnipa.gov.cn/art/2021/6/24/art_2073_166501.html.

［21］中国证券监督管理委员会.科创属性评价指引（试行）［R/OL］.［2024-04-30］. http://www.csrc.gov.cn/csrc/c101950/c1048009/1048009/files/%E9%99%84%E4%BB%B6%EF%BC%9A%E3%80%8A%E7%A7%91%E5%88%9B%E5%B1%9E%E6%80%A7%E8%AF%84%E4%BB%B7%E6%8C%87%E5%BC%95%EF%BC%88%E8%AF%95%E8%A1%8C%EF%BC%89%E3%80%8B.pdf.

［22］上海证券交易所.科创板注册制实践改变了什么［EB/OL］.（2020-07-21）. http://www.sse.com.cn/aboutus/mediacenter/hotandd/c/c_20200721_5159005.shtml.

［23］中国证券监督管理委员会.科创板首次公开发行股票注册管理办法（试行）：证监发〔2000〕号［A/OL］.（2019-03-01）.https://www.gov.cn/zhengce/

zhengceku/2019-10/17/5440923/files/ae76aaf41d8d4d7caa1043a4b1442941.pdf.

［24］上海证券交易所. 关于发布《上海证券交易所科创板企业上市推荐指引》的通知：上证发〔2019〕30 号［A/OL］.（2019-03-03）.http://listing.sse.com.cn/lawandrule/sserules/latest/c/c_20190311_4733359.shtml.

［25］中资资产评估有限公司. 大唐电信科技产业控股有限公司拟以无形资产出资涉及的专利等的所有权价值项目资产评估报告：中资评报字〔2021〕562 号［R/OL］.（2021-11-10）.http://file.finance.sina.com.cn/211.154.219.97:9494/MRGG/CNSESZ_STOCK/2021/2021-11/2021-11-19/7665972.PDF.

［26］中京民信（北京）资产评估有限公司. 北明软件有限公司拟以软件著作权出资涉及的四项软件著作权资产评估报告：京信评报字〔2019〕第 138 号［R/OL］.（2019-12-16）.https://pdf.dfcfw.com/pdf/H2_AN201912201372279109_1.PDF.

［27］国家知识产权局战略规划司，国家知识产权局知识产权发展研究中心. 2022年中国专利调查报告［R/OL］.（2022-12）.https://www.cnipa.gov.cn/module/download/downfile.jsp?classid=0&showname=2022%E5%B9%B4%E4%B8%AD%E5%9B%BD%E4%B8%93%E5%88%A9%E8%B0%83%E6%9F%A5%E6%8A%A5%E5%91%8A.pdf&filename=bc6d1655fc8247fcb9ef92e9b27f6ca8.pdf.

［28］国家知识产权局. 国家知识产权局 2022 年度报告［R/OL］.https://www.cnipa.gov.cn/module/download/downfile.jsp?classid=0&showname=%E5%9B%BD%E5%AE%B6%E7%9F%A5%E8%AF%86%E4%BA%A7%E6%9D%83%E5%B1%802022%E5%B9%B4%E5%BA%A6%E6%8A%A5%E5%91%8A.pdf&filename=5f88d645b8e34432aacd7a2a200b13e9.pdf.

［29］国家知识产权局. 2023 年中国专利调查报告［R/OL］.（2023-3）.https://www.cnipa.gov.cn/module/download/downfile.jsp?classid=0&showname=2023%E5%B9%B4%E4%B8%AD%E5%9B%BD%E4%B8%93%E5%88%A9%E8%B0%83%E6%9F%A5%E6%8A%A5%E5%91%8A.pdf&filename=bf5fc071a77b49d6ac79291cc861b047.pdf.

［30］黄勇. 知识产权资产证券化法律风险防范机制之研究［J］. 政法论坛，2015（6）:138.

［31］赖利，施韦斯. 商业价值评估与知识产权分析手册［M］. 伍颖，译. 北京：中国人民大学出版社，2006.

［32］聂建平. 盈余管理动机对真实盈余管理影响的实证检验：基于动机差异化视角

[J].财会月刊,2016(36):24-28.

[33] 孟凡宏,袁淼.医药企业投资并购中的专利深度尽职调查[EB/OL].(2019-09-12).https://www.kwm.com/cn/zh/insights/latest-thinking/deep-patent-due-diligence-in-pharmaceutical-companies.html.

[34] 中国知识产权研究会,国家海外知识产权纠纷应对指导中心.2022中国企业在美知识产权纠纷调查报告[R/OL].(2023-06).https://acad-upload.scimall.org.cn/cnips/text/2023/06/29/17/USAGPEA.pdf.

[35] 廖建文,崔之瑜.优化生态圈,迎接"HER"时代[EB/OL].(2015-11-09).https://www.hbrchina.org/#/article/detail?id=476822.

[36] 小米科技有限责任公司.小米知识产权与创新白皮书:用知识产权推动技术普惠,让全球更多消费者享受科技的美好[R/OL].(2022-12).https://cdn.cnbj1.fds.api.mi-img.com/staticsfile/svhc/%E5%B0%8F%E7%B1%B3%E7%9F%A5%E8%AF%86%E4%BA%A7%E6%9D%83%E4%B8%8E%E5%88%9B%E6%96%B0%E7%99%BD%E7%9A%AE%E4%B9%A6.pdf.

[37] 张平,马骁.共享智慧:开源软件知识产权问题解析[M].北京:北京大学出版社,2015.

[38] 星闪联盟.星闪联盟知识产权管理办法[EB/OL].(2020-11-30).http://sparklink.org.cn/news_info.php?id=401.

[39] 星闪联盟.星闪无线短距离通信技术(SparkLink 1.0)产业化推进白皮书[R/OL].(2022-08).https://sparklink.org.cn/uploads/file/20221107174245_754.pdf.